AF210668

Für

meine Schwestern

und

meine liebe Mum

Herstellung und Verlag:
Books on Demand GmbH, Norderstedt
ISBN: 978-3-8370-9035-2

Vorwort

Wann immer ich mich an meine Kindheit erinnere, denke ich an richtige Jahreszeiten. Im Frühling, wenn alles zu blühen und grünen anfing, gingen wir mit Oma und Mutter durch die Schrebergärten spazieren und bewunderten die liebevoll gestalteten Kleingärten. Die Sommer in Berlin waren immer heiß und trocken und wir gingen fast täglich nach der Schule ins Freibad. Im Herbst sammelten wir Kastanien, aus denen wir kleine Figuren mit Streichhölzern bastelten und im Winter, wenn in der Küche die Eisblumen am Fenster hingen, gingen wir auf dem Rüdesheimer Platz in den Grünanlagen rodeln oder fuhren mit Mutter in den Grunewald..

Meine Mutter nennt mich noch heute "Binchen, meine kleine", obwohl ich inzwischen mindestens einen Kopf größer bin als sie und fast das Doppelte auf die Waage bringe. Sie ist eine alte abgearbeitete Frau, die nicht nur die Sonnenseiten des Lebens gesehen hat. Geboren 1926 hat sich ihre Pubertät während des Krieges und der Nachkriegsjahre abgespielt. Dann arbeitete sie beim Engländer und spricht noch heute perfekt und akzentfrei englisch. Anfang der fünfziger Jahre heiratete sie und 1956 wurde ich nach drei toten Kindern endlich als lebensfähig geboren!

1962 ließ sie sich nach der Geburt meiner zweiten Schwester scheiden. Unser Vater war Alkoholiker und hinterließ ihr jede Menge Schulden, verpfändete Möbel und Erinnerungen an Schläge und Entbehrungen. Bis heute hat sie einen Hass auf Männer und uns dadurch zu Emanzen erzogen. Von klein auf wurde uns eingeflößt, dass wir uns niemals von einem Mann abhängig machen dürften!

Für meine Mutter war es eine Zeit voller Sorgen und Entbehrungen. Sie war nun geschieden, hatte keine Arbeit und kein Geld, dafür drei kleine Mädchen, die versorgt werden mussten. Sie erhielt eine Putzstelle bei der evangelischen Kirche, wo sie abends die Büroräume der Superintendentur putzte und unsere Wäsche waschen durfte. Sie hat es immer geschafft, uns täglich drei Mahlzeiten zu machen, sonntags mit Fleisch, sowie unsere Schulbrote. Wir bekamen Geschenke zu Weihnachten und zum Geburtstag und die Zeremonien dieser Feste praktizieren meine Schwestern und ich, sowie meine inzwischen erwachsenen Töchter immer noch. Sie sind ein Teil meiner Kindheit und so empfinden es auch meine Kinder und Enkelkinder.

Wann immer ich an meine Kindheit denke, empfinde ich wieder die Gefühle von Wärme, Liebe und Geborgenheit. Ich kann mich nicht erinnern, irgendetwas vermisst zu haben. Mutter war bestimmt keine Heilige und hatte eine ziemlich lockere Hand, aber sie war und ist immer für uns da. Wie oft wurden wir "ohne Abendbrot" ins Bett gesteckt, weil wir mal wieder was angestellt hatten. Sie kam dann jedoch einige Zeit später mit Leberwurstbroten zur Versöhnung an unsere Betten! Ziemlich inkonsequent aber sehr liebevoll.

Meine Schwestern und ich wohnten nach der Scheidung unserer Eltern eine kurze Zeit alleine mit unserer Mutter in einer kleinen 1 ½ Zimmer-Wohnung in der Johannisberger Straße.

Sie bekam dann aber zusammen mit ihrer Mutter eine große 4 -Zimmer Wohnung um die Ecke in der Binger Straße, wo wir im September 1964 einzogen.

Aus dieser Zeit, bis zum Tod unserer Oma in dieser Wohnung im März 1972, möchte ich erzählen.

Unsere Wohnung

Am 24. September 1964 zogen Mutter, Oma und wir drei Mädchen. ich die Älteste, beim Einzug 7 Jahre alt, mit meinen Schwestern Regina, damals 5 Jahre und Anna 2 Jahre alt., in die Binger Str. 81, 1 Berlin 33, in eine große 4 - Zimmer Wohnung mit Balkon im 1. Stock Vorderhaus. Die Zimmer waren sehr groß und oben an den Wänden, sowie in der Deckenmitte mit Stuck in Engel- oder Weinrebenform verziert. Die hohen Fenster waren jeweils Doppelflügel, sodass wir im Winter eine Wolldecke gegen den Zug reinlegten. Auch die Zimmertüren waren hohe Flügeltüren wie in einem Schloss. Unser Kinderzimmer lag über dem Hausflur und hatte einen Erker, auf dem ein großer Tisch mit vier Stühlen stand. Das Zimmer war ca. 3 x 6

Meter groß. Im hinteren Teil am Kachelofen stand das Etagenbett. Gina schlief immer unten. Anfangs schlief ich oben und Anna in ihrem Kinderbett, doch später bekam ich ein tolles Schrankklappbett und Anna zog ins obere Bett. Eines Abends, als sie mit Gina mal wieder ordentlich gestänkert hatte, bis diese von unten gegen die Matratze trat, beugte sich Anna wütend über das Bettgitter zu Gina runter, verlor das Gleichgewicht und fiel auf den Boden! Großes Geschrei! Mutter fuhr mit ihr ins Krankenhaus und brachte sie mit einem Rucksackverband zurück. Anna hatte sich das Schlüsselbein gebrochen!

Neben unserem Kinderzimmer war das Durchgangszimmer, ca. 4 x 6 Meter groß, in dem Mutter schlief und in dem auch die Eckbank und der Esstisch am Kachelofen standen. Darunter war das Seifengeschäft von Frau Hauke. Die war stolz darauf, dass ihre Tochter Elke zusammen mit Cornelia Froboess die gleiche Schule besuchte und erwähnte dies bei jeder Gelegenheit.

Neben Mutters Zimmer war Omas Wohnzimmer mit dem Balkon. Oma hatte einen runden Esstisch, den man mittels einer Platte vergrößern konnte, dazu mit Leder bezogene Stühle. Das Leder war mit goldfarbenen Knöpfen befestigt. Außerdem hatte Oma eine schöne Anrichte, die sie von ihrer Schwägerin zur Hochzeit bekommen hatte. Vorne hat die Anrichte zwei Löwenköpfe und eine Schublade mit einem goldfarbenen verschnörkelten Griff, der bei Bewegung quietscht. Generationen von Kleinkindern haben an diesem Griff gewackelt und den Löwen ihre Fingerchen ins Maul gesteckt. Heute steht diese Anrichte bei mir. Oma bewahrte in dieser Anrichte ihr "gutes" Geschirr und ihre Tischdecken auf. Oben drauf stand ein gläsernes Bonbonglas mit einer Zinnfassung und einem Zinndeckel.. Darin bewahrte Oma "Hustelinchen" und "Kuhbonbons" auf, die wir ihr ständig mopsten. Oma hatte in diesem Zimmer einen wunderschönen cremefarbenen Kachelofen, nicht so hässlich wie diese Standardmodelle in den anderen Zimmern.

Nach hinten raus hatte die Wohnung Omas Schafzimmer, Küche mit Wirtschaftsraum und das Badezimmer. Omas Schlafzimmer war ca. 3,5 x 6 Meter groß. Sie hatte außer ihrem Bett und dem Kleiderschrank auch ein Vertiko und ein Sofa mit zwei Sesseln, einem kleinen runden Tisch und neben dem Sofa ihr Nähtischchen. Dieses hatte eine Schublade, die zur Wand hin aufging, weil sie darin ihre Rente versteckte, die der Geldbriefträger monatlich brachte. Auf der unteren Ablage des Nähtischchens stand Omas Nähkasten, voll mit Stopfgarn, Nadeln, Stopfpilzen und Fingerhüten. In jeder freien Minute stopfte Oma unsere Strümpfe, nähte Knöpfe an oder flickte Risse an unserer Kleidung. Wenn wir in ihr Zimmer kamen, kontrollierte sie stets unsere Hände auf Sauberkeit. Ich konnte meine schrubben, soviel ich wollte – Oma fand sie immer schmutzig! Und dazu meine abgekauten Nägel! Sie wollte immer Damen aus uns machen, so wie sie selber eine war. Wir durften auch niemals berlinern. "Es heißt *nein* und nicht *nee* und *ich* und nicht *icke*! Wir wohnen doch nicht im Arbeiterviertel!" Es war ihr ganzer Stolz, dass sie im gleichen Jahr wie die jüngste Kaisertochter Geburtstag hatte. In der Schule war sie immer Klassenbeste bis auf einmal, als sie "eben" mit "t" am Ende geschrieben hatte, ebent eben; da musste sie in der zweiten Reihe sitzen – Schande! Zeitlebens trug sie einen Hut, wenn sie das Haus verließ und lange Hose für Frauen fand sie fürchterlich! Auch muss sie allergisch auf Hausstaub und Bettfedern gewesen sein. Damals machte man noch keine Allergieteste wie heute. Jeden Morgen nach dem Aufstehen nieste sie fast 20mal und war ständig damit beschäftigt, ihre Nase mit "Sparta-Creme" einzuschmieren. Auch uns hat sie diese Creme unentwegt auf die Hände und ins Gesicht getan. Den Geruch finde ich noch heute scheußlich!

Neben Omas Schlafzimmer war ein winziges Bad ohne Fenster. Es gab eine Toilette, eine Badewanne mit fließend KALTEM Wasser und einen Badeofen, aber KEIN Waschbecken! Über der Wanne war ein Gestell, in das eine Waschschüssel gehängt werden konnte. Daran wuschen wir uns jeden morgen. Gefüllt wurde die Schüssel mit heißem Wasser aus dem Teekessel aus der Küche. Einmal wöchentlich wurde der Badeofen eingeheizt und dann durften wir baden. Das warme Wasser reichte für eine Wannenfüllung, wo wir nacheinander reingesteckt wurden, ich, als die Älteste, natürlich zuerst! Unsere Haare wurden dabei auch gewaschen und anschließend mit einem sehr schwachen Fön getrocknet. Danach gab es frische Unterwäsche und auch die andere Kleidung wurde gewechselt. Für unsere Generation war es ganz normal, dass nicht bei jedem Fleck gleich die Kleidung in die Wäsche kam.

Der Raum gleich rechts von der Eingangstür war die Küche mit Zugang zum Kämmerchen. Die Küche hatte einen Fensterschrank und eine Speisekammer, was damals in den Wohnungen Standard war. Die Fensterschränke hatten eine Lüftungsklappe nach draußen und in sehr kalten Wintern konnte er als Gefrierschrank genutzt werden. Außerdem stand neben dem normalen Küchenherd noch eine Küchenhexe, die mit Eierkohlen beheizt wurde und wo ständig ein Teekessel mit heißem Wasser drauf stand. Weiter standen in der Küche ein großer Esstisch mit einer rosa Resopalplatte und fünf Stühlen, ein Küchenbuffet und ein Kühlschrank. Die Küche war nur einfach verglast, sodass sich im Winter bei großer Kälte Eisblumen bildeten.

In dieser Jahreszeit stand Mutter morgens um fünf Uhr früh auf und heizte alle Öfen, damit wir es um halb sieben schon warm hatten.

Die Kohlen mussten aus dem Keller geholt werden und die Asche in Metalleimern in den Hof getragen und in die großen schweren Metalltonnen geschüttet werden. Das alles kostete Zeit, Kraft und machte viel Staub und Schmutz.

Auch wenn die Wärme eines Kachelofens sehr gemütlich ist, hat Mutter ihm später nie nachgetrauert:

Alltägliches

Unser Tagesablauf verlief fast immer im selben Rhythmus, was wichtig ist für Kinder, damit sie sich sicher fühlen. Mutter weckte uns morgens um 6.30 Uhr, nachdem sie in der Küche schon heißes Wasser für die Waschschüssel im Badezimmer zum Waschen und Zähneputzen bereitet hatte. Im Winter hatte sie um diese Zeit auch schon vier Öfen angeheizt. Sie hatte einige Zigaretten geraucht und sich Kaffee gekocht mit dem kleinen hellblauen Keramikfilter für Filtertüten 102, den man auf eine Kaffeekanne stellte und dann ständig das heiße Wasser aufgoss. Den Kaffee ließ man sich im Kaffeegeschäft mahlen und musste sagen, ob für Filter oder Maschine. Ganze Bohnen gab's natürlich auch. Oma hatte noch eine ganz

alte Kaffeemühle, da tat man oben die Bohnen ins Mahlwerk, klemmte sich die Mühle
zwischen die Knie und drehte an der Kurbel.
Den gemahlenen Kaffee entnahm man dann
einer kleinen Schublade. Mutters Kaffeemühle lief elektrisch und wehe, man hielt den
Deckel nicht fest, dann flogen Kaffeebohnen
und Kaffeemehl quer durch den Raum!
Mutter deckte nun für uns den Frühstücks-
tisch in der Küche. Wir aßen meistens Toast
mit Margarine und Marmelade, tranken dazu
Carokaffee mit Milch und Zucker nur Anna
schlabberte ihren Kakao. Während wir frühs-
tückten, machte Mutter unsere Pausenbrote.
Wir bekamen Graubrot mit Leber- oder
Jagdwurst mit, dazu ein Stück Obst und immer ein Riegelchen Schokolade. Je nach Jahreszeit zogen wir dann um 7.30 Uhr mehr
oder weniger dicke Jacken an, hingen den

Schulranzen über und verabschiedeten uns von Mutter an der Wohnungstür. Jede von uns wurde prüfend begutachtet und wenn Mutter noch einen Rest Frühstück in unserem Gesicht bemerkte, befeuchtete sie rasch ihren Zeigefinger mit ihrer Spucke und wischte unser Gesicht sauber. Danach gab's einen Kuss und wir zogen los.

Unser Schulweg dauerte ca. 20 Minuten und wenn wir mittags nach Hause kamen, hatte Oma das Mittagessen fertig, das wir auch wieder in der Küche einnahmen. Anschließend mussten wir unsere Schularbeiten machen und dann erst durften wir spielen.

Abendessen gab es immer um 18 Uhr in Mutters Zimmer. Wir drei saßen auf der Eckbank, Mutter und Oma auf Stühlen. Hinter Annas Platz war der Kachelofen. Anna war eine sehr schlechte Esserin. Die meiste

Zeit war sie am Reden und Faxen machen und wenn sie eine Atempause machte, sagte Mutter: "Anna iß!" Wir waren oft schon lange fertig, während Anna noch immer vor ihrem Teller mit ein paar kleingeschnittenen Häppchen saß. Doch irgendwann hatte auch sie aufgegessen und sprang frohgelaunt auf. Beim nächsten Zimmerputz entdeckte Mutter die Häppchen seitlich hinter dem Kachelofen. Immer, wenn keiner guckte, hatte Anna schnell eins dahinter geworfen!

Um 19 Uhr gingen wir schlafen. Als wir älter wurden, verlängerten sich natürlich unsere Abende. Gemütlich lagen wir in unseren Betten. Mutter hatte jeder von uns einen Gutenachtkuss gegeben, unsere Zimmertür angelehnt und sich vor ihr Radio gesetzt. Natürlich schliefen wir nicht sofort ein, sondern fingen munter an, uns Geschichten über unsere Phantasiewelten zu erzählen. Unsere arme Mutter musste uns mehrmals zur Ruhe rufen, bevor auch sie ihren Feierabend genießen konnte.

Meine Schulzeit

Ich ging nach dem Einzug in die Binger Straße schon in die zweite Klasse der Grundschule am Rüdesheimer Platz, eine ganz neue Schule im Pavillonbau. Frau Schneider war meine Lehrerin während der ersten drei Jahre. In meiner Erinnerung ist sie sehr alt mit grauen Haaren, die sie zu einem Dutt geknotet hatte. Wir mussten morgens, wenn sie reinkam, aufstehen, gemeinsam rufen: "Guten Morgen, Frau Schneider!", dann mit ihr beten und ein Lied singen. Erst dann durften wir uns setzen. Ich habe damals gesamtheitliches Lesen gelernt, d. h., wir gingen nicht das Alphabet durch, wie es ein paar Jahre später wieder gelehrt wurde, sondern wir bekamen einen Text, den wir lesen mussten. Der erste Satz in meiner Fibel hieß: "Heiner hat einen

Ball." Ich weiß nicht, wie man so lesen lernen kann, aber offensichtlich geht es. Jedenfalls hat es bei mir und meinen Klassenkameradinnen geklappt. Wir waren ungefähr dreißig Kinder in der Grundschulklasse, davon hießen sechs Mädchen Sabine. Um keine Verwechslungen aufkommen zu lassen, wurden wir alle anders genannt, also Sabine, Bine, Binchen bis hin zu Zweitnamen. Meine Klassenkameradinnen hatten bald vergessen, dass mein Rufname auch Sabine war, denn ich hieß fortan nach meinem Zweitnamen Linda und das über sechs Jahre Grundschulzeit. Frau Schneider verließ uns nach dem dritten Schuljahr und zog nach Murnau.

Im der vierten Klasse bekamen wir Fräulein Reif. Kein Mensch würde heute eine erwachsene Frau Fräulein nennen, sie würde ihm was erzählen! Damals war es so üblich. Fräu-

lein Reif war noch sehr jung und in Mini-
kleidchen nach der damaligen Mode gekleidet
mit toupierten schwarzen Haaren. Heute
denke ich, sie war Referendarin, denn öfters
saßen hinten im Klassenzimmer mehrere
Menschen, die uns beobachteten. Fräulein
Reif ging dann auch nach dem Jahr und in
der fünften und sechsten Klasse hatten wir
Herrn Czsternasty. Er war streng, humorlos
und ich hatte immer ein bisschen Angst vor
ihm, obwohl er mir nie was getan hat. Wir
hatten bei ihm Deutsch und Englisch, zwei
Fächer, die ich liebte und in denen ich immer
gut war. Mit ihm machten wir zwei Klassenfahrten, in der fünften Klasse ins Schullandheim am Postfenn. Das war noch in Berlin,
aber an der Havel und für uns schon ziemlich
weit von zu Hause entfernt. In der sechsten
Klasse fuhren wir ins Schullandheim

„Iserhatsche" bei Bispingen in der Lüneburger Heide. Beide Male nahm er seine Frau mit, die sehr lieb war und viel lachte. Auf diesen Klassenfahrten mussten wir unendlich viel wandern! Abends schrieben wir dann die Erlebnisse des Tages in unsere Berichtsheftchen und klebten Postkarten, Vogelfedern und Blätter dazu.

Überhaupt war Wandern damals das A und O für Lehrer und der jährliche Wandertag dazu da, Schüler sechs Stunden durch die Berliner Natur zu jagen. Zwischendurch gab es eine Rast, wo wir die mitgebrachten Brote aus unseren Rucksäcken essen durften und was zu trinken bekamen. Ich fand Wandertage immer furchtbar, sie waren langweilig und die Füße taten abends weh! Dazu kam, dass ich bis heute Sport grässlich finde. Ich war schon als Kind immer übergewichtig und sportlich wie eine Kuh, was mir auf allen meinen Zeugnissen immer nur ein Ausreichend brachte. Dabei spielte ich in den Pausen mit meinen Freundinnen auf dem Schulhof mit Begeisterung Gummitwist und kam bis in den "vierten Stock"! Das Gummiband sitzt bei den Mitspielerinnen dann am Oberschenkel. Auch fuhr ich gerne und viel mit meinen Rollschuhen und meinem Fahrrad. Einen Aufschwung am Reck habe ich aber nie geschafft und Ballspiele fand ich furchtbar, weil ich bis heute nicht fangen kann. Dafür liebte ich Bodenturnen und Gymnastik und tanzte mit Leidenschaft Square Dance.

Schön waren auch die Musik-, Kunst- und Handarbeitsstunden. Ich entstamme einer musikalischen, künstlerischen Familie und habe schon früh gelernt, wie man eine Nähmaschine benutzt, häkelt, stickt und strickt.

(die letzten drei Betätigungen allerdings mit weniger Erfolg). Ich konnte jedoch prima Topflappen häkeln, das ging schnell und war überschaubar; meine Schals waren entweder zu kurz oder zu schmal und Socken stricken mit einem Nadelspiel war ein Alptraum! In den 70er Jahren habe ich mir mal im Unterricht eine Stola gehäkelt, das war "in", das taten alle und ein paar Pullover gestrickt. Bestickt habe ich in der 3. Klasse ein weißes 50 cm x 50 cm großes Stück Kannewar, wie meine Oma sagte (man nennt es heute Schülertuch). In die Mitte stickte ich mit rehbraunem Stickgarn und in Kreuzstichen einen sitzenden Teddybären und oben sowie unten Reihen mit Kreuz-, Hexen- und Plattstichen in verschiedenen Farben. Das war sehr hübsch und kam als Decke auf meinen Puppenwagen! In der 5. Klasse mussten wir

Hohlsaumstickerei machen. Ich hatte ein großes blaues Stück Stoff, den ich mit lachsfarbenem Sticktwist bearbeitete, nachdem ich ihm ringsum 5 cm von der Kante entfernt jeweils 10 Fäden gezogen hatte. Da wir nur eine Stunde Handarbeit in der Woche hatten, nahm diese furchtbare Arbeit kein Ende! An den Kunstunterricht kann ich mich gar nicht erinnern, dafür an Schönschreiben. Wir lernten dort Sütterlin, bzw. deutsche Schrift. Ich bekam immer eine 1, ebenso wie in Musik und in Religion.

In den kleinen Pausen tauschten wir Mädchen Oblaten. Unsere gebrauchten Schreibhefte hatten wir Seite für Seite geknickt und darin steckten, gut sortiert nach Tiere, Blumen, Kinder, Babys, Tiere usw. mit und ohne Glimmer und in verschiedenen Größen, unsere Oblaten. Ich hatte sechs geknickte Din -

a 5 Hefte und für die großen Oblaten ein Din - a 4 Heft. Das waren die wertvollsten und wurden nur für gleichwertige getauscht. Ich liebte diese bunten Bildchen und wenn ich etwas Geld hatte, kaufte ich mir ein paar neue. Ein Bogen ohne Glimmer kostete 10 Pfennige, einer mit Glimmer schon 20 Pfennige; das war richtig teuer! (Eine Schrippe kostete Anfang der 60er Jahre 5 Pfennige.) Wir klebten die Oblaten auf Briefe und natürlich in unsere Poesiealben. Die Lieblingsfreundin bekam die Schönsten, mit Glimmer natürlich, die anderen Freundinnen und die Schulkameradinnen je nach Sympathie weniger Schöne. Noch heute werden die Oblaten von meinen Kindern und Enkelkindern in meinem Poesiealbum bestaunt.

Im Frühjahr 1969 wechselte ich auf die Marienburg Realschule, die vor dem Krieg Heinrich-von-Kleist Gymnasium hieß und nur von Jungen besucht wurde. Mutters Bruder ging dort zur Schule. Ich bekam neue Fächer wie Französisch, Physik und Chemie dazu. Letztere Beiden habe ich nie verstanden. Noch heute ist es mir ein Rätsel, wie etwas Unsichtbares durch kleine Kupferdrähte fließt. Chemie bereitete mir Angst. Herr Tutewohl, unser Chemielehrer, war uralt, mit steifem Bein und wenig Haaren. Der Chemiesaal war wie ein Hörsaal gebaut. Ich saß ganz oben und beobachtete ängstlich das Geschehen da unten auf dem großen Tisch. Da wurden irgendwelche stinkenden Substanzen in Glasgefäße getan, wo-möglich noch mit anderen Gefäßen verbunden, dann das Ganze mittels eines Bunsenbrenners erhitzt, bis es anfing, wild zu brodeln, noch mehr zu stinken und dann, das Schlimmste, mit einem lauten Knall zu explodieren. Neben dem Chemiesaal war das Labor, wo wir ab der 10. Klasse selber experimentieren mussten. Das waren Horrorstunden! Ich weiß bis heute nicht, was wir da zusammen gemixt haben und was dabei rauskommen sollte. Ich war die ganze Stunde damit beschäftigt, dass ich mich nicht verbrannte, verätzte oder einen Gehörschaden nahm. Wie schön war doch dagegen Französisch. Das liebte ich von Anfang an, genau wie Englisch und Deutsch. Unser Deutschlehrer Herr Knape mochte Brecht und Böll, Lessing und Schiller, aber auch die Konjugation: "1. Person Plural, verraten, Plusquamperfekt, Passiv." (Wir waren verraten worden.) Darin war ich unschlagbar und auch die Interpretationen und Nacherzählungen der großen Dichter machten mir immer Spaß.

Die Bücherei

An die Grundschule angeschlossen war eine große Kinderbücherei, die wir nachmittags oft besuchten. Ich hatte einen Ausweis mit Nr. 14, meine Schwester Regina hatte zwei Jahre später dann schon Nr. 1416. Wir liebten diese Bücherei und haben dort viele Stunden verbracht und viele Bücher nach Hause und zurückgeschleppt, einige immer wieder. Zu meinen Lieblingsbüchern zählte "Als sie Kinder waren" (von Ireene Wicker; Leni Dietrich-Pullar), die Kindheitsgeschichten der größten Komponisten unserer Zeit; das habe ich oft gelesen Natürlich lasen wir auch alles von Astrid Lindgren und Erich Kästner, das war sozusagen Pflicht, aber wir bevorzugten dann doch Enid Blyton. Ich kannte alle "Geheimnis"- und "Abenteuer"-

Bücher und verfolgte gespannt das Leben der Zwillinge "Hanni und Nanni" in ihrem Internat. Mutter hatte ein waches Auge über das, was wir lasen. Micky-Maus-Hefte (dazu zählten alle Comichefte) waren Schundliteratur, die wir heimlich bei Freunden lesen mussten. Ebenso später die "Bravo", die ich erst mit 14 oder 15 Jahren offiziell lesen durfte. Dafür bekamen wir mit 12 Jahren das Buch "Woher kommen die kleinen Buben und Mädchen" (Kurt Seelmann und E. Reinhardt) von ihr in die Hand gedrückt, dass wir zwar lasen, aber wenig damit anfangen konnten.

Draußen spielen

Bei schönem Wetter spielten wir immer draußen. Außer uns drei Mädchen wohnte im Parterre noch ein Mädchen, Petra, und über uns ein Junge, Uwe, die beide in Annas Alter waren. Im Hinterhof waren ein Buddelkasten und eine Schaukel, außerdem ein Wäscheplatz, eine Teppichstange und natürlich die Mülltonnen. Es gab ja noch keine Auslegeware; wir hatten in zwei Zimmern unversiegeltes Parkett und in den anderen beiden Holzdielen. Darauf lagen Teppiche, die von einem nicht sehr leistungsstarken Staubsauger bearbeitet wurden. Wer also kräftig war und keine Mühen scheute, der brachte ab und an seine Teppiche in den Hof und klopfte sie über der Stange aus – eine schweißtreibende und staubige Angelegenheit! Um das ganze herum war Rasenfläche, die wir natürlich nicht betreten durften. Der Hauswirt wohnte im Hinterhaus Parterre und von seinem Balkon konnte er den Hof gut überblicken.

Im Vorderhaus saß im ersten Stock unsere Oma in der Küche am offenen Fenster. Sie war ständig mit irgendetwas beschäftigt, hatte aber gleichzeitig ein Auge auf uns. Wenn wir uns ihrer Ansicht nach nicht angemessen verhielten, also zu laut waren, uns stritten oder zu sehr rumtobten, klopfte sie mit der Spitze des Küchenmessers auf das blecherne Fensterbrett, sodass wir automatisch innehielten. Ich habe dieses Geräusch noch immer in den Ohren!

Unbeobachteter konnte man natürlich in den Parks der Umgebung spielen. Am Ende der Binger ist der Heidelberger Platz, wo auch heute noch in der Mitte ein Rosenrondell ist.

Dort konnte man in den Büschen Verstecken spielen oder Doktorspiele betreiben.

Zur anderen Seite ist der Rüdesheimer Platz, mit schönen Blumenrabatten und einem großen Wasserbecken mit Wasserspeiern, die ich aber nie in Betrieb gesehen habe und das Wasser im Becken war auch nur ab und zu das Regenwasser. Am Ende dieses Parks war ein großer Spielplatz, wo wir rutschen, schaukeln und "Schweinebammel" machen konnten. Überall in den Straßen standen die großen Wasserpumpen, zum Teil wunderschön verschnörkelt, mit schweren Pumpenschwengeln. Sie waren aus der Zeit, als es noch nicht in jedem Haus fließendes Wasser gab. Doch nun benutzten die Männer die Pumpen zum Autowaschen und wir zum Spielen und zum Wassertrinken natürlich. Das Wasser schmeckte metallisch und war schön kalt. Einer musste pumpen, der andere die Hände drunterhalten. Irgendwann kam es im Schwall rausgespritzt.

Ging man die Nauheimer Straße bis zur Assmannshauser Straße runter, kam man zur Zahnklinik. Ich war da zwar niemals drin, aber die hatte um das Gelände prima Pflaster zum Rollschuh laufen. In den meisten Straßen lagen mittig die großen Steinplatten, die in der Höhe minimale Unterschiede hatten, was beim Rollschuh laufen aber extrem störte. und seitlich war überall das winzige Kopfsteinpflaster, in dem die Frauen mit ihren Pfennigabsätzen hängen blieben. An der Zahnklinik lagen Waschbetonplatten, die waren schön ebenmäßig.

Ich hatte sehr schöne Rollschuhe mit roten Lederriemen, die man um die Schuhe band und leicht laufende Gummirollen, nicht die alten rostigen Metallrollen. Ich übte damit fleißig Pirouetten zu drehen und elegante Sprünge zu machen und meine Knie waren immer aufgeschlagen.

Wir fanden dort an der Zahnklinik aber auch noch andere Spielmöglichkeiten. Die Klinik war seitlich von einer Mauer umgeben, auf der man balancieren und als Mutprobe 2,5 m hinunter in den Hof springen konnte. Vor dem Eingang der Zahnklinik war ein Lüftungsschacht der darunter fahrenden U-Bahn. Wir trugen ja fast immer Röcke und wenn man auf dem Schacht stand, während die U-Bahn darunter lang fuhr, flogen die Röcke wie bei Marilyn hoch. Beliebt war es auch, im Herbst die sorgsam zusammengekehrten Laubhaufen der Anwohner auf den Schacht zu legen. Allerdings konnte man sich damit viel Ärger einhandeln!

Zu meinem 12. Geburtstag bekam ich ein Fahrrad. Es war stahlblau und Mutter kaufte es bei Neckermann im Europacenter, wo damals noch die Eisbahn war. Fortan fuhr ich lieber damit als mit den Rollschuhen. Das Fahrrad parkte ich im Hof, bei Regen bekam es einen Plastiküberwurf und einmal wöchentlich wurde es gewaschen. Auch konnte ich die Schläuche selber reparieren, wenn mal einer ein Loch hatte. Anfangs fuhr ich gerne die Parklücken aus, also immer in Schlangenlinien um die parkenden Wagen herum, bis ich eines Tages, ich weiß nicht wie, nicht rechtzeitig nach links lenkte und aus voller Fahrt auf das parkende Auto prallte. Mit einem "doppelten Salto" flog ich über die Lenkstange meines Fahrrades und landete ziemlich unsanft auf der Straße! Danach übte ich nur noch freihändig fahren auf der langen geraden Forkenbeckstraße. Das war mein täglicher Schulweg zur Realschule und ich fuhr da morgens ganz alleine und auf dem Radweg. Es hat auch immer geklappt!

Hinter dem Heidelberger Platz war das Anne-Frank-Heim, ein Jugendfreizeitheim, welches wir des Öfteren aufsuchten. Mein absolutes Lieblingsangebot war tanzen. Ich lernte dort Polka und Walzer und wenn wir genügend Jugendliche waren, tanzten wir auch Square Dance. Meine Schwester Regina beschäftigte sich derweil lieber in der Küche des Hauses beim Plätzchen backen und Quarkspeisen anrühren.

An den Wochenenden gingen wir alle zusammen spazieren. Wilmersdorf war in den 60er Jahren noch ein sehr grüner Bezirk. In der Schlangenbader Straße, wo sich heute die Wohnanlage "Die Schlange" und die Stadtautobahn befinden, war damals eine Schrebergartensiedlung. Die kleinen Gärten wurden alle sehr liebevoll gestaltet. Oma bewunderte immer die sommerliche Blumenpracht und wir die Gartenzwerge. In einem Garten standen an einem kleinen Teich Schneewittchen mit einem Reh und den sieben Zwergen. Mutter hatte stets große Mühe, uns, besonders Anna, von diesem Arrangement loszureißen. Manchmal verkauften die Laubenpieper auch kleine Blumensträußchen oder Obst, wie Apfel, Birnen, Pflaumen und Kirschen.

Im Sommer ging's in die Freibäder. Am 1. Mai wurde die Freibadsaison eröffnet und wir bekamen jeder eine Saisonkarte. Nach der Schule, wenn wir Mittag gegessen und Hausaufgaben gemacht hatten, liefen wir die Binger Straße runter bis zum Heidelberger

Platz und dann die lange heiße Forken-beckstraße entlang bis zum Wilmersdorfer Freibad am Lochowdamm, genannt das Lochow! Es war ein großes Bad mit einem 50 m Schwimmerbecken, einem Sprungbecken mit 10 m Turm, einem Lehrbecken, einem Planschbecken und einem großen Nicht-schwimmerbecken mit Wasserrutsche. Rings um die Becken waren die Liegewiesen, au-ßerdem ein Minigolfplatz, ein Restaurant, ein kleiner Laden mit Zeitschriften, Sonnencre-me, Badeanzügen usw. und das Beste: ein Kiosk mit Süßigkeiten ab 1 Pfennig. Wir be-kamen jeder immer 20 Pfennige mit und überlegten beim Anstehen in der langen Schlange, was genau wir von dem Geld alles kaufen wollten. Ein Kirschlolli kostete 2 Pfennige, ein Gummibärchen 1 Pfennig, ein Lutscher und ein Nappo je 5 Pfennige, eine

Bonbonkette aber 20 Pfennige, das war schon Luxus! Wer Durst hatte, konnte aus den Wasserspendern trinken, die überall rumstanden. Bevor wir jedoch unser Geld ausgaben, tobten wir erstmal mindestens eine Stunde im Wasser rum. Mit Omas mahnenden Worten im Hinterkopf "Geht nicht mit vollem Magen ins Wasser!" sprangen wir sofort ins Nichtschwimmerbecken. Unsere Sachen lagen in einem Haufen auf der Liegewiese nahe dem Fußbecken, das uns von unserem wunderbaren Spielbecken trennte. Wir zogen bloß schnell unsere Badeanzüge an, setzten, ganz wichtig, unsere Badekappen auf und los ging's! Badekappen waren für Frauen Pflicht, egal wie lang ihre Haare waren und wer ohne eine ins Wasser ging, wurde vom Bademeister sofort wieder rausgepfiffen. Mutter war immer ärgerlich, dass

Männer mit Rauschebärten nicht aus dem Wasser gepfiffen wurden, denn auch Barthaare können Filteranlagen verstopfen!

In diesem Freibad haben wir auch schwimmen gelernt und Gina sprang schon als 8-jährige vom 5 m Turm. Wenn sie da oben wartete, dass sie an die Reihe kam, rief der Bademeister von seinem Hochsitz durchs Megaphon den anderen zu: "Jetzt lasst mal mein Mariechen springen!" und dann hatte sie das ganze Becken für sich! Manchmal fuhren wir an den Wochenenden auch ins Schwimmbad am Olympiastadion, allerdings gab es dort kein Nichtschwimmerbecken, aber dafür konnte man auf den Tribünen sitzen und dem Treiben im Schwimmer- und Sprungbecken zuschauen.

Besonders schön war es im Strandbad Wannsee. Schon am Vortag wurde dieser besondere Ausflug vorbereitet mit der Zubereitung von Kartoffelsalat, hartgekochten Eiern und Pudding. Dann zogen wir morgens schon um 8.00 Uhr los. Bepackt mit Decken, Schwimmreifen, Handtüchern, Badezeug und Picknickkorb ging es erst zum Heidelberger Platz. Wir fuhren mit der U-Bahn bis Krumme Lanke und von dort mit dem Strandbadbus bis vors Freibad. Dieser Bus war voll mit anderen bepackten Badefreudigen und zuckelte durch das sommerliche Zehlendorf, vorbei an hässlichen Neubauten und schönen alten Villen aus der Gründerzeit in großen Gärten. Im Strandbad gönnten wir uns den Luxus eines Strandkorbes. Morgens konnte man noch aussuchen, ob man in der vordersten, der mittleren oder der hintersten Reihe einen haben wollte. Man bekam eine Fahne und die Strandkorbnummer und markierte den Korb mittels der Fahne in der Fahnenhalterung als Eigentum für ein paar Stunden. Gegen 10 Uhr waren im Hochsommer am Wochenende die Körbe ausverkauft.

Der Wannsee ist ein mehr oder weniger stehendes Gewässer, eine Ausbuchtung der Havel, die nicht besonders schnell fließt. Im Hochsommer herrscht auf dem Wannsee Hochbetrieb und das nicht nur im Strandbad. Der See ist voll mit Segel- und Motorschiffen aller Größen und Preisklassen, Ausflugsdampfern, Paddel- und Ruderbooten, Wasserskifahrern und nicht zuletzt den Badenden. Der Boden des Sees ist sehr weich und das Wasser dunkel. An einigen Stellen ist es plötzlich kälter, was mich als Kind immer erschreckt hat. Weiter draußen war die große Wasserrutsche, zu der man ca. 5 – 10 Minuten hin schwimmen musste. Dann kletterte man die Sprossen hoch und musste sich oben entscheiden, ob man nach links oder rechts runterrutschen wollte. Eigentlich war es egal, denn die Rutschen waren seitengleich und beide endeten ungefähr einen Meter über der Wasseroberfläche, sodass man aus voller Fahrt in den See plumpste. Obwohl ich in Freibädern ohne Probleme vom 5 m Turm sprang, war mir diese Rutsche immer etwas unheimlich, wahrscheinlich weil ich in das trübe dunkle Wasser fiel.

Trotzdem liebten wir dieses Strandbad. Schon am Eingang die roten Klinkerhäuser, dahinter der schöne Park mit den Blumen, Liegewiesen, dem großen Schachspiel und dann von der Treppe aus der Blick über den dunkelblauen Wannsee mit den weißen Segeln in der sommerlichen Morgensonne. War man die Treppe runtergegangen, auf halber Höhe waren die Sonnendecks, kam man auf die Strandpromenade mit kleinen Geschäften, Imbissbuden, 1. Hilfe-Station und dem Strandkorbverleih. Und dann kam endlich der Strand. Von der Haupttreppe führte ein Steg ins Wasser, wo am Ende die Bademeister auf ihren Hochsitzen saßen. Ging man den Strand rechts hinunter kam man zum FKK-Strand, den wir aber erst 30 Jahre später benutzt haben. Damals fanden wir das sehr unschicklich. Nach links führte der Weg vorbei am Restaurant zu einem riesigen Spielplatz, der eigentlich nur aus Schaukeln bestand. Die Schaukelbretter waren aber nicht an Ketten befestigt, sondern an Stangen und vermittelten dadurch ein ganz anderes Schaukelgefühl. Mindestens 20 Schaukeln in verschiedenen Höhen standen dort. und man musste immer anstehen. Nie hat es dort Streit gegeben, oder jemand hat zu lange geschaukelt. Man brachte sich in Schwung, genoss ein paar hohe Schaukelschwünge und sprang dann, wenn man besonders mutig war, von oben ab. Wer noch mal wollte, musste sich wieder anstellen.

Wir blieben immer bis zum Nachmittag im Strandbad und fuhren dann müde von der Sonne nach Hause.

Drinnen spielen

Bei schlechtem Wetter blieben wir in unserem großen Zimmer und spielten meistens mit unseren Puppen und Stofftieren. Wir hatten uns Phantasienamen zugelegt, mit denen wir uns auch ansprachen. Ich hieß Frau Balz, Gina nannte sich Frau Köhn und Anna war Frau Hund. Meine Lieblingspuppe hieß Marlene. Sie hatte dunkle Locken und lange Zöpfe. Sie war ganz aus Hartplastik und ihre Arme und Beine, sowie ihr Kopf waren innen mit starken Gummibändern verknüpft. Irgendwann brach das Plastik an ihren Beinen und die wurden dann von einer Strumpfhose am Puppenkörper gehalten. Das arme Puppenkind wurde trotzdem weiter geliebt, ebenso die anderen Puppen und Tiere mit so schönen Namen wie Ladislaus,

Brummi, Feline, Felix, Katrin und Anton. Die meisten Namen suchte Mutter aus. Bekamen wir zu Weihnachten oder zum Geburtstag ein neues Geschöpf, hatte es ein Zettelchen um: "Ich heiße Anton und möchte bei Dir bleiben!" Natürlich kamen wir nie auf die Idee, den Namen zu ändern, der blieb dann eben so!

Am Liebsten spielten wir Schule oder wir zogen unsere Puppen an und aus. Ich konnte schon früh die Nähmaschine bedienen, eine alte Trampelmaschine, und nähte aus Stoffresten Puppenkleider. Einmal habe ich mir dabei die Nadel in voller Fahrt durch den Daumennagel gejagt. Es tat gar nicht weh; die Maschine stoppte abrupt und mein Finger saß fest, die Nadel im Nagel! Das Rausziehen war nicht so angenehm, aber es tat der Liebe zu dieser Maschine keinen Abbruch.

Manchmal fingen wir beim Spielen auch an zu streiten und bekamen uns im wahrsten Sinne des Wortes in die Haare. Gina und Anna waren oft wie Hund und Katze und wenn Anna ihren Willen nicht bekam, lief sie heulend zu Oma, die dann mit ihr im Schlepptau zurückkam und uns ärgerlich fragte: "Was habt ihr schon wieder mit dem kleinen Muckelchen gemacht?" Das kleine Muckelchen stand derweil feixend hinter Oma, die uns eine Moralpredigt hielt.

Bei schlechtem Wetter kamen wir auch schon mal auf die Idee im Zimmer fangen oder Gummitwist zu spielen. Leider wurden diese Spiele dann aber abrupt und ärgerlich von Mutter oder Oma unterbrochen, weil sich ein Hausbewohner darüber beschwerte, dass unten im Hausflur die Deckenlampe wackelte oder der Putz in Frau Haukes Seifengeschäft runterkam!

Am Wochenende spielten wir mit Mutter oft Gesellschaftsspiele. "Memory" und "Fang den Hut" mochten wir besonders, aber natürlich auch Kartenspiele wie "Schwarzer Peter" oder Quartett.

Pflichten

Wir hatten natürlich auch Pflichten zu erfüllen. Nach der Schule und dem Mittagessen mussten immer sofort die Hausaufgaben gemacht werden. Am Wochenende hatten wir Küchendienst, d. h., wir mussten mittags und abends abwaschen und abtrocknen. Abwaschen machte ja noch Spaß, doch das Abtrocknen war langweilig und lästig, Besteck von fünf Personen, dazu viele Teller, Schüsseln und die schweren Töpfe! Gina musste nach dem Mittagessen immer auf die Toilette, wo sie sehr, sehr lange ausharrte. Schaffte sie es nicht, sich vor dem Abtrocknen zu drücken, rief sie nach der Hälfte: "Der Rest tropft ab!" und verließ die Küche.

Das Muckelchen brauchte meistens nur nach dem Abendessen in der Küche zu helfen, weil sie eben die kleinste war.

Natürlich mussten wir auch den Müll runterbringen. Damals gab es noch keine Mülltrennung, war auch noch nicht so wichtig. Pappe und Papier wurden verbrannt, Milch gab es nur lose oder in Pfandflaschen, Obst und Gemüse wurden frisch gekauft. Die Müllberge, die heute in diversen Behältern meine Küche zieren, hatten wir damals nicht.

In der Küche stand neben dem Ascheeimer ein weiterer Metalleimer, natürlich ohne Mülltüte! Wir brachten den Eimer runter, entleerten ihn im Hof in eine der großen schweren Metalltonnen und brachten ihn wieder nach oben. Oma spülte ihn ein wenig aus und legte ein Stückchen Zeitung auf den Boden des Eimers.

Im Winter mussten wir auch helfen, die Kohlen aus dem Keller zu holen. Die Keller der alten Mietshäuser waren feucht und dunkel. In den Gängen brannte eine schwache Lampe, ansonsten zündeten wir Kerzen an, um uns im Keller zurechtzufinden. Es war da unten immer ein bisschen gruselig und roch feucht und muffig, nach Keller eben.

Im vorderen Kellerraum war eine Rolle, die Frau Hauke gehörte und die man stundenweise mieten konnte. Mutter benutzte diese Rolle für Bett- und Tischwäsche. Ich half Mutter oben in der Wohnung beim Spannen und Zusammengelegen der Wäsche. Dann gingen wir in die Rolle. Es war ein riesiges Ungetüm, das mechanisch über einen Riemenantrieb, aber ohne Hitze, mit dem Gewicht großer Steine die Wäsche glättete. Zuerst legten wir die Wäsche auf große

Mangeltücher, die dann auf ca. 1,2 m lange Rollen gewickelt wurden und unter die Maschine, die Rolle, geschoben wurde. Dazu musste die jedes Mal angehalten und mittels eines Motors auf der einen Seite etwas angehoben werden. Dann schob sie die Rollen hin und her, wobei die Mangeltücher auf- und zugingen, bis die Wäsche glatt war. Die Mangeltücher waren beige mit roten oder blauen Verzierungen und der Stoff glänzte etwas. Er sollte die Rolle leichter laufen lassen und die Wäsche schützen.

Jeden Tag mussten wir auch Flöte und später Klavier spielen üben. 1967 bekamen wir ein altes Klavier geschenkt. Die weißen Tasten waren aus Elfenbein, die schwarzen aus Ebenholz und vorne waren rechts und links am Klavier Kerzenhalter angeschraubt, die Mutter sofort entfernte. Unsere Klavierlehrerin wohnte um die Ecke in der Johannisberger Straße. Sie war immer sehr lieb und geduldig, im Gegensatz zu ihrem Pudel, der nach uns schnappte, wenn wir kamen und wachsam unseren Unterricht beäugte. Wir hatten alle drei Klavierstunden und quälten unsere Hausbewohner mit "Der fröhlichen Landmann", "Für Elise", Tonleitern rauf und runter und dem "Präludium". Die Komponisten dieser Stücke haben sich wahrscheinlich im Grabe umgedreht. Am Liebsten spielte ich die Titelmelodie der "Lovestory" und sang dazu, sowie einen Protestsong von Udo Jürgens: "Lieb Vaterland, magst ruhig sein und schlaf bloß nicht auf deinen Lorbeer'n ein…" Nach der "Mondscheinsonate" hatte ich andere Interessen und hörte zu meinem heutigen Bedauern mit dem Klavierunterricht auf. Anna hatte auch irgendwann keine Lust mehr, bloß Gina blieb dabei, studierte Schulmusik und Gesang und arbeitete jahrelang als Klavierlehrerin.

Auch gingen wir einmal die Woche in den Chor der Lindenkirche. Wir fingen als kleine Kinder, Anna noch im Kindergartenalter bei Herrn Bothe, der Organist und später KMD war, an. Er lehrte uns vom Blatt zu singen, Intervalle zu bestimmen und mit der Stimmgabel den Ton anzugeben. Im Laufe der Jahre entwickelten wir uns zu einem recht guten Mädchenchor, der Berliner Jugendkantorei, und konnten 6 -stimmig die schwierigsten Stücke singen. Die wöchentlichen Übungsstunden entbehrten nie einer gewissen Spannung, da Herr Bothe schnell gereizt war und für uns langsam in die Pubertät kommenden Mädchen ein geeignetes Opfer für harmlose Späßchen war. Natürlich haben wir nie vergessen, die geforderten Stücke zu üben, obwohl es manchmal schon lästig war, eine Stelle zum 100sten Mal zu singen, bloß weil eine Stimme wieder den Einsatz verschlafen hatte. Ab und zu sangen wir sonntags während des Gottesdienstes und am Heilig-Abend-Gottesdienst. Während der Ferien machten wir Chorfahrten in kleinere Gemeinden von Schleswig-Holstein und Niedersachsen und übernachteten in Jugendherbergen und Klöstern. Wir fuhren stets mit dem gleichen Reisebus und waren alle in den Fahrer Siegfried verknallt. Irgendjemand hatte immer eine Gitarre mit, sodass wir während der Fahrt stundenlang "Blowin' in the Wind", "Kumbajamalord" und ähnliches sangen. In den 70er Jahren nahmen wir noch eine Langspielplatte auf. Danach löste sich der Chor nach und nach auf. Wir wurden erwachsen und gingen andere Wege.

Mitte der 60er Jahre gingen Gina und ich außerdem einmal wöchentlich in den SFB-Kinderchor. Die Übungsstunden mit Dr. Ilse Obrig und Max Specht fanden im "klingenden Haus" hinter dem Theodor-Heuß-Platz statt. Ab und zu mussten wir dann zu den Aufnahmen ins SFB-Haus in der Masurenallee. Das Tollste in diesem Haus war der Paternoster, mit dem man natürlich fahren MUSSTE! Für einen Nachmittag Rundfunkaufnahmen bekamen wir jeder 2,-- DM, für Fernsehaufnahmen 5,--DM; dazu gab's Kekse und Saft. Gina sang als 6-jährige den Titelsong zu der Fernsehserie "Unterwegs mit dem Fernsehbus". Leider gib es davon keine Aufzeichnungen mehr.

Auch zu Hause wurde viel gesungen. Egal ob Frühlings-, Sommer-, Abend-, Wander-, Seemanns- oder Weihnachtslieder – wir konnten von den Liedern viele Strophen auswendig, auch heute noch, und irgendeiner von uns sang immer die 2. Stimme, die Idiotenterz, wie man so schön sagt. Diese Musikalität haben wir an unsere Kinder und Enkelkinder weitergegeben.

Schlitten fahren

Ich kann mich nicht erinnern, dass es in meiner Kindheit einen Winter ohne Schnee gab. Sobald die ersten Flocken fielen, holten wir unsere beiden Schlitten aus dem Keller, zogen uns warm an mit Anorak, Pudelmütze, Handschuhen, Schal und dicken Stiefeln und machten uns auf den Weg zum Rüdesheimer Platz. Der Park hatte an der einen Seite zur Straße hin einen zweistufigen Wall, der im Frühling und Sommer wunderschön mit Blumen bepflanzt war. Im Winter diente uns dieser Wall als Rodel-"Berg"! Die Kinder der ganzen Umgebung waren da und rodelten mit viel Gekreische den Abhang hinunter auf den Gehweg und mitunter auch auf die Fahrbahn.

Es liefen immer einige Fußgänger umher, denn an der Ecke war "Bolle", ein Supermarkt, gegenüber ein Spielwarengeschäft, ein Schlächter, ein Lottoladen, dann kamen eine Bank, ein Juwelier und ein Laden mit Kaffee und Konfekt, der "MK" hieß. Vor "Bolle" wurden zusätzlich im Advent noch Tannenbäume verkauft. Und dazwischen wir Kinder mit den Schlitten, das war ein Riesenspaß!

Aber noch schöner waren die Ausflüge mit Mutter in den Grunewald. Wir fuhren mit dem 17er, der Binger- Ecke Wiesbadener Straße hielt, dort hin. Wenn wir durch den verschneiten Wald liefen, sang uns Mutter das Lied "Winterwunderland" (Text und Melodie: Felix Bernhard) vor:

Glockenklang aus der Ferne,
über uns leuchten Sterne,
kein Mensch weit und breit,

nur wir sind zu zweit,

wandern durch den weißen Winterwald.

Schnee und Eis hört man knistern,

weil wir leis' nur noch flüstern,

wir fühlen uns ganz

wie Gretel und Hans,

wandern durch den weißen Winterwald.

Leise, leise fallen weiße Flocken

und ein Reh tritt aus dem Wald heraus.

Braune Augen blicken ganz erschrocken,

ist dir der Wald zu kalt, komm mit nach Haus!

Am Kamin ist ein Plätzchen,

das gehört unserm Kätzchen,

es teilt es mit dir,

dann wandern wir vier

morgen durch den weißen Winterwald.

Ein Reh haben wir nie gesehen, dafür hunderte anderer Berliner, die über den zugefrorenen, knisternden Grunewaldsee schlitterten oder johlend und juchzend die kleinen Hänge hinabrodelten. Die waren gewaltig höher als der "Berg" am Rüdesheimer Platz. Man musste den Schlitten richtig lenken, um nicht gegen einen Baum zu fahren und manchmal hopste der Schlitten über eine Wurzel, was besonders toll war. Wenn es dämmerte, fuhren wir glücklich und mit roten Nasen, Mutter auch mit ihren bayrischen Händen, wie ihr Vater sagte, nämlich blau-weiß, wieder nach Hause in die schöne, warme Wohnung, wo uns Oma mit dem Abendbrot erwartete.

Schwimmverein

Eine Zeitlang gingen Gina und ich in den Berliner Schwimmverein BSV. Das war einmal wöchentlich am späten Nachmittag im Hallenbad Wilmersdorf hinter dem Heidelberger Platz. Wir waren nach Alter in verschiedene Gruppen eingeteilt und wurden von den Trainern ordentlich rangenommen. Nach acht Bahnen crawlen auf Zeit war ich ziemlich fertig. Allerdings habe ich dabei auch die richtige Technik der verschiedenen Schwimmarten kennengelernt. Was Gina in ihrer Gruppe gemacht hat, habe ich nicht mitbekommen.

Mutter kam anfangs immer mit und schaute zu, aber von der feuchten und chlorhaltigen Luft bekam sie einen starken Hautausschlag und wir gingen fortan alleine dorthin.

Kamen wir dann anschließend müde nach Hause, wir mussten ja auch alle Wege immer laufen, hatte Oma oft Schokoladensuppe mit Schneeklößchen für uns gekocht. Das ist Schokoladenpudding mit mehr Milch und noch schön warm und die Schneeklößchen sind süßes geschlagenes Eiweiß, die mittels eines Teelöffels wie kleine Klößchen über der Suppe verteilt werden. Diese leckere Suppe wärmte uns auf und brachte die richtige Bettschwere. Lange waren wir nicht in diesem Schwimmverein, höchstens zwei Winter, danach verloren wir die Lust.

Einkaufen

An Einkaufsmöglichkeiten konnten wir uns nicht beklagen. Gleich an der Ecke Binger Ecke Nauheimer Straße war das Lebensmittelgeschäft von Herrn und Frau Beulich. Das Obst und Gemüse baute er jeden Morgen vor der Ladentür auf und Gina nahm sich ebenso jeden Morgen ungefragt und ohne Bezahlung ein Stück Obst, meistens einen Apfel, für den Schulweg mit, bis Herr Beulich Mutter irgendwann auf die Klauereien ihrer Tochter aufmerksam machte, was für Mutter natürlich sehr unangenehm war.

Gegenüber war eine Drogerie, wo ich meine Binden kaufen musste. Damals war dieser Zellstoff in einem Schlauchverband, dessen Enden vorne und hinten in einen Gürtel geklemmt wurden, ähnlich eines Strapsgürtels, aber eben höher und mit nur zwei Klemmen statt vier. Der Drogist holte die "Camelia" aus der hintersten Ecke seines Ladens und wickelte das Paket dann verschämt in Zeitungspapier, wodurch es nicht unbedingt unauffälliger wurde!

Um die Ecke in der Johannisberger Straße war der Zeitschriften- und Zigarettenladen, wo Mutter immer "11 Ernte" für 1,-- DM kaufte. Sie rauchte, wie alle Erwachsenen unserer Verwandtschaft. Oma war als einzige Nichtraucherin und sagte oft betont vorwurfsvoll zu ihrer Tochter: "Sigrid, sauge nicht so an Deiner Zigarette!", wenn Mutter mal wieder genervt kräftiger als sonst an der Zigarette zog.

Dann kam der Schlächter. Mutter erstand dort die Wurst für unsere Schulbrote, ab und an auch mal frische Schweinebratenkruste und das Fleisch für das Sonntagsessen. Einmal gab es Rouladen zu Mittag und noch heute werde ich damit aufgezogen, dass ich mir die Roulade als ganzes in den Mund gesteckt habe! Ich kann dazu nur sagen, dass es die reinsten Murmeln gewesen sein müssen. Zu Weihnachten gab's von diesem Schlächter für treue Kundinnen immer ein Geschenk wie z. B. ein Sieb.

Gleich daneben war noch ein Lebensmittelgeschäft, wo man die Milch noch lose in Kannen kaufen konnte. Der Junge der Ladeninhaber hieß Hansi, war so alt wie ich und meine erste große Liebe!

Ging man die Johannisberger Straße weiter Richtung Heidelberger Platz kam man an dem Lottoladen vorbei, wo Oma wöchentlich ihr Glück versuchte. Sie kreuzte auf den kleinen gelben Faltblättchen in den beiden Spielfeldern je sechs Zahlen an, die dann mit einer kleinen Stanze durchlöchert wurden. Der Schein kostete 50 Pfennige und der Hauptgewinn war 500.000,-- DM. Leider hatte Oma nie mehr als mal drei Richtige, was sie jedoch nicht entmutigte, es erneut zu versuchen.

Das Nachbargeschäft war eine Bäckerei, wo wir jedoch selten kauften, weil wir eine andere Bäckerei bevorzugten. Die Bäckerin in diesem Laden war klein, rundlich und ziemlich grell geschminkt. In meiner Erinnerung sieht sie aus wie eine von den Jacob Sisters.

Wir kauften unser Brot bei Bäcker Mach, der seinen Laden Binger, Ecke Homburger Straße hatte, gegenüber von der Lindenkirche. Einmal wöchentlich wurde ich zum Brot holen geschickt. Das frische, noch warme Brot roch ganz wunderbar und obwohl es streng verboten war, habe ich immer auf dem Heimweg schon ein paar kleine Stückchen von der aufgeplatzten Kruste probiert!

Zweimal wöchentlich war in der Eberbacher Straße Wochenmarkt. Während der Schulferien durften wir Mutter dorthin begleiten und mussten natürlich auch helfen, Obst, Gemüse, Eier, Kartoffeln und manchmal auch Fisch nach Hause zu tragen. Das Beste auf dem Markt war die Würstchenfrau. Wir bekamen jeder eine Wiener, geschnitten mit Ketchup. Die Farbe des Piekers durfte man sich aussuchen. Dann saßen wir an einem kleinen Klapptisch auf kleinen Stühlchen mit anderen Kindern und genossen unser Würstchen und Gina beschloss, auch Würstchenfrau zu werden. Hat aber irgendwie nicht geklappt, denn heute ist sie Lehrerin und Vegetarierin!

Ab und zu fuhren wir auch in die großen Warenhäuser. Die U-Bahn brachte uns vom Heidelberger Platz direkt zum Wittenbergplatz. Ging man die Stufen hoch, erblickte man den Tauentzien und das große KaDeWe. Durch das riesige Eingangsportal, wo ein Mann in Livrée stand, gelangte man direkt in die große Stoffabteilung. Tausende von Ballen in allen Farben, Mustern und Stoffarten häuften sich auf den vielen Tischen. Mutter schneiderte eine Menge unserer Garderobe selber und ich lernte früh, wie man Schnittmuster ausradelt, Stoffmengen bemisst, zuschneidet und das ganze schließlich zusammennäht. An der einen Seite der Stoffabteilung lag die Kurzwarenabteilung mit einem gigantischen Sortiment an Knöpfen, Borten, Nähgarn, Reißverschlüssen, Bändern und natürlich den Schnittmusterbüchern. Die sah ich mir so gerne an, besonders die Schnitte für die Ballkleider. Mutter hatte ihre Standardschnitte und kaufte selten einen neuen dazu. Außerdem war es preiswerter, einen Schnitt aus einem Schnittmusterbogen herauszuradeln. Im 5. Stock gab es auch noch mal Stoffe, allerdings nur für Gardinen und Polster. Hier bekam man auch Bettdecken und Kissen. Die passenden Federn und Daunen waren in großen Glaskästen und wirbelten mittels eines Gebläses wie wild darin herum.

Zum Schuhe kaufen ging's den Tauentzien ein Stückchen weiter Richtung Kurfürstendamm. Da lagen die großen Schuhhäuser "Leiser" und "Stiller", die in der Kinderschuhabteilung immer ein Karussell hatten. Wie gerne hätte ich Lackschuhe gehabt, aber die fand Mutter hässlich und unpraktisch.

Wir bekamen feste Halbschuhe und für den Sommer Sandalen - alles in braun versteht sich! Die Lackschuhe waren in glänzendem schwarz oder strahlendem weiß und auf manchen war noch eine kleine Schleife vorne drauf. Aber für diesen Luxus fehlte das Geld und sobald wir das Schuhgeschäft verlassen hatten, vergaßen wir diese Schuhe auch schon wieder.

Oma fuhr mit mir zum Einkaufen in die Wilmersdorfer Straße. Anfangs zuckelten wir noch vom U-Bahnhof Zoologischer Garten mit der Straßenbahn dahin, aber als diese 1967 stillgelegt wurde, nahmen wir die S-Bahn ab Schmargendorf bis Charlottenburg. Oma ging dort bei "Leiser" immer zur Pediküre und ich schaute interessiert zu. Danach kaufte sie bei Woolworth ein, einen Ramschladen, wie Mutter sagte und den sie nur mit

Todesverachtung betrat. Manchmal gönnte sich Oma ein Paar neue "Samt"-Schuhe. Das waren Hausschuhe mit ca. 3 cm Absatz und zum Zubinden.

Zum Abschluss gingen wir immer in ein kleines Café. Ich bekam einen Eisbecher oder einen Kakao mit Sahne und Oma aß einen Windbeutel. Gina mochte am Liebsten Sahnebaisers. Dieses Café gibt es noch heute und hat, wie es aussieht, auch noch das gleiche Mobiliar!

Kochen

Bei uns wurde täglich zu Mittag gekocht. Oma sorgte dafür, dass das Essen pünktlich auf den Tisch kam. Am Wochenende mussten wir helfen und wurden so nach und nach in die Geheimnisse der Kochkunst eingeführt. Auch ich bereite meinen Rotkohl noch selber zu mit Schmalz und sieben Gewürzen. Allerdings nehme ich statt Äpfeln Apfelmus und statt Essig Rotwein. Auch Hühnerfrikassee und Kohlrouladen, Königsberger Klopse, Buletten und Möhrengemüse werden so gekocht, wie Oma es tat. Und dann natürlich die Eintöpfe! Meine Kinder schwören auf Steckrübeneintopf mit Kassler, der bei uns damals Kohlrübeneintopf hieß und statt mit Kassler mit Gänsebrust gemacht wurde. Das Piment kommt heute in gemahlenem Zustand hinein und nicht mehr in Körnerform, die dann immer Anna ALLE auf ihrem Teller wiederfand! Im Herbst gab es Apfelklöße mit Zucker und Zimt und brauner Butter, ein Gericht aus Pommern, wo ein Teil unserer Vorfahren herkommt.

Sonntags wurde ab und zu ein kleines Hühnchen gebraten. Gina und ich bekamen jeder eine Keule, Mutter und Oma etwas Brust und Anna ein Flügelchen. Oma kochte aus den kläglichen Resten, die sie akribisch von den Knochen löste, tags drauf noch Hühnernudelsuppe.

Zum Nachttisch gab es dann meistens Schokoladenpudding mit Vanillesoße. Der Pudding wurde nach dem Kochen in eine Plastikfischform gegossen und zu Mittag auf einen Teller gestürzt. Jedes Mal gab es Streit um den "Fischkopf". Der war nämlich das Beste, auch wenn Oma und Mutter hundertmal beteuerten, es würde alles gleich schmecken! Natürlich gewann ich als Älteste, Gina bekam was aus dem "Fischbauch" und Anna musste sich mit dem "Schwanz" begnügen.

Im Sommer gab's den Fisch auch als Vanillepudding und dazu gezuckerte Erdbeeren. Um die Erdbeeren stritten wir auch, sodass sie abgezählt wurden. Jede hatte nun gleich viele, aber Anna bekam mehr von dem leckeren Saft, der unten in der Erdbeerschüssel war, weil sie so dünn und klein war. Heute wäre das nicht mehr so!

Das Sonntagsfrühstück war etwas ganz besonderes. Wir durften ein Ei essen und zwar nicht bloß gekocht, sondern wir konnten wählen zwischen Rüher-, Spiegel- und dem beliebten Zuckerei! Man trennt das Ei, schlägt das Eiweiß steif und hebt es behutsam unter das mit einem Teelöffel Zucker verrührte Eigelb. Was für ein Genuss! Dazu gab es wie immer Toast mit Marmelade und Carokaffee. Nur Anna bekam Kakao, der aus richtigem Kakao mit Milch und Zucker gekocht wurde. Sie stand dabei auf einem Stuhl am Herd und rührte eifrig im Topf. Anschließend trank sie den Kakao nicht wie normale Leute, sondern schlabberte ihn genussvoll mit einem Teelöffel!

Unsere Tiere

Mein ganzes Leben hatte ich Tiere um mich, meistens Hunde, doch während der Zeit in der Binger Straße waren es kleinere Wesen. Unser erster Wellensittich hieß Jacob. Er war ein hübscher blauer Hahn, den wir als ganz jungen Vogel in dem Zoogeschäft am Rüdesheimer Platz kauften. Jacob gewöhnte sich schnell an uns und wurde sehr zutraulich. Er saß auf unseren Schultern, knabberte zärtlich an unseren Ohrläppchen, landete auf dem ausgestreckten Finger und watschelte auf den Möbeln umher. Während wir an unserem Tisch auf dem Erker Schularbeiten machten, zerlöcherte er unsere Hefte und verlor bei jedem zweiten Schritt kleine Kleckschen aus seinem Hinterteil. Leider wurde ihm diese Zutraulichkeit zum Verhängnis, denn eines

Tages setzte sich Gina auf den kleinen Kerl. Er war sofort tot, doch die arme Gina hat lange gelitten.

Als nächstes bekamen wir ein Wellensittich-Pärchen, das grüne Karlchen mit seiner blauen Mausi. Die beiden waren nur mit sich selbst beschäftigt und zogen sich ängstlich zurück, sobald man sich dem Käfig näherte. Mausi starb vor Karlchen, der sich fortan mit seinem Spiegelbild unterhielt. Er hatte einen Kreuzschnabel, den der Tierarzt von Zeit zu Zeit beschnitt. Außerdem musste. ich den Schnabel abends mit Lebertran einschmieren, was dem kleinen Vogel gar nicht gefiel. Sicher schmeckte es ihm scheußlich und geholfen hat es letztendlich auch nicht. In seiner Angst hackte er mir immer in den Finger.

Die Vogelkäfige hingen seitlich am Erker über unseren Köpfen an einem kräftigen

Haken. Die Vögel konnten also in unserem großen Zimmer umherfliegen, hielten sich jedoch am Liebsten auf den Fenstergriffen auf. Eine Zeitlang hatten wir die Vögel auch in der Küche, doch eines Tages, es war ein Geburtstag und für nachmittags die Verwandtschaft zu Kaffee und Kuchen eingeladen, holte Oma stolz ihre gelungene Käsetorte aus dem Ofen und stellte sie zum Abkühlen auf den Küchentisch. Diese wirklich sehr leckere Käsetorte, die auch heute noch Familienfeste krönt, hat obenauf eine leicht gebräunte Baiserschicht. Jedenfalls landete Karlchen plötzlich aus unerfindlichen Gründen auf der Käsetorte. Seine kleinen Krallenfüßchen sackten in die warme weiche Baiserschicht ein. Er flatterte entsetzt mit den Flügeln, verteilte dabei seine Flaumfedern und während er immer klebriger wurde, ruinierte er die Baiserschicht der Torte. Das ganze spielte sich natürlich sehr schnell ab. Oma schrie entsetzt auf, warf dann aber ein Geschirrtuch über Karlchen und nahm ihn behutsam von der Torte. Während ich den kleinen verstörten Vogel wusch, versuchte Oma, ihre Torte zu retten. Die wurde an dem Tag ohne Baiser serviert und hat trotzdem allen geschmeckt. Ich weiß nicht, ob Oma unseren Gästen je von dem Malheur erzählt hat.

Es war Annas 9. Geburtstag, als es abends an der Tür klingelte. Eigentlich nichts besonderes, denn die Gäste sollten jetzt nach und nach von den Eltern abgeholt werden. Mutter drückte den Haustürsummer und öffnete kurze Zeit später die Wohnungstür. Da saß ein junges Kätzchen, das gleich zielstrebig in unsere Wohnung lief, während gleichzeitig

Mutters Bruder die Treppe raufkam. Mutter hatte ihn sofort in Verdacht, das Kätzchen mitgebracht zu haben, weil er ein großer Katzenliebhaber war und selber einen Kater besaß. Er stritt jedoch die Verdächtigung ab und meinte, er sei nur gekommen, um seine Kinder von der Geburtstagsfeier abzuholen. Geglaubt hat sie ihm das nie! Das Kätzchen wurde mit entzückten Jubelrufen von uns Kindern in Empfang genommen. Es war gar nicht scheu, sondern kam neugierig an und ließ sich von allen streicheln. Mutter nannte sie Minka und beide sind eine tiefe Bindung eingegangen. Vorerst jedoch machte Mutter Zettelchen an die Bäume der Umgebung: "Kätzchen zugelaufen!", doch als keiner sich meldete, wurde Minka zu unserem Familienmitglied. Im Winter lag sie mit Vorliebe auf den warmen Kachelöfen, im Sommer auf den

Schränken oder im oberen Etagenbett. Von dort hatte sie einen prima Ausblick über das ganze Zimmer und besonders auf die Sittiche. Einmal erwischte Mutter sie, wie sie sich über die Schränke an den Vogelkäfig heranpirschte, auf dem das arglose Karlchen saß. Mutter hatte zufällig einen nassen Feudel in der Hand, den sie der völlig verdutzten Minka von hinten über den Kopf warf. Mehrere Zufälle trafen zusammen, ersten, dass Mutter die Katze im richtigen Moment erwischte, zweitens, das unsere kurzsichtige Mutter die Katze aus der Entfernung traf und drittens, dass die Katze nicht bemerkte, woher das eklige, nasse Ding kam. Sie brachte es natürlich mit dem Vogel in Zusammenhang und hielt von da an einen großen Abstand zu ihm! Gerne ging Minka unten im Hof spazieren. Wir mussten mit ihr runtergehen und ihr die

Hoftür öffnen. Dann erkundete sie ihr Terrain oder sonnte sich auf dem Rasen. Diese wundervollen Ausflüge nahmen ein jähes Ende, als sie eines Morgens unter dem Balkon unseres Hauswirts ihr großes Geschäft erledigte, während der mit seiner Frau dort gerade frühstückte! Von da an konnte Minka nur noch vom Balkon aus die aufregende Welt beobachten. Aber sie hatte noch andere Vorlieben. Vormittags half sie beim Kartoffeln schälen. Während Oma schälte, saß Minkachen neben ihr und aß ein paar Schalen.

Zu Fressen bekam sie rohe Putenleber, die es tiefgekühlt in kleinen Aluschälchen gab. Die Leber wurde kleingeschnitten und dann vermengt mit einem Teelöffel Haferflocken und einer klein geriebenen Möhre serviert. Minka verabscheute Haferflocken und Möhren und ließ diese größtenteils auf ihrem Teller zurück.

Manchmal gab es auch Fisch. Dazu wurde Seelachs in Wasser gekocht, bis das Eiweiß überschäumte, und der ganze Herd stank. Minka musste sich sehr beherrschen, um nicht interessiert zu wirken. Unauffällig schlawenzelte sie in der Nähe der Küche umher und gab sich betont gelangweilt. Am Liebsten mochte sie jedoch Sprotten, die Mutter ihr ab und zu vom Markt mitbrachte. Da war es dann mit Minkas Beherrschung vorbei. Mutter selbst fand Innereien und Fisch eklig. Doch was tut man nicht alles aus Liebe! Abends verlangte Minka dann als Betthupferl immer noch einen halben Butterkeks. Sie begleitete uns 16 Jahre und wird immer in unseren Herzen sein.

Als wir die Wellensittich-Ära abgeschlossen hatten, bekamen wir ein Meerschweinchen. Unsere stark links angehauchte Mutter nannte das Tier Herr Barzel, der war damals gerade CDU-Chef. Herr Barzel kannte schnell das Geräusch der sich öffnenden Kühlschranktür und kam sofort auf seinen kleinen Füßchen angerannt bzw. pfiff dann laut nach seinem Futter, wenn er im Käfig eingesperrt war. Vor Minka hatte er keine Angst und sie übersah das in ihren Augen völlig wertlose Subjekt. Herr Barzel starb, wie so viele seiner Artgenossen, irgendwann an Überfütterung.

Interessierter zeigte sich Minka, als Gina ein kleines Aquarium geschenkt bekam. Es war nur ein 5 l Becken mit drei Guppies und drei Neonfischen. Die schwammen um ein paar Pflanzen und kamen zur Fütterung nach oben. Gina ließ sie an ihrem Finger saugen, bevor sie etwas Fischfutter ins Wasser tat. Minka fand das alles sehr aufregend und hätte am Liebsten mit ihrer Pfote mal ein bisschen geangelt. Aber das Aquarium stand für sie schwer zugänglich in einem Schrank.

Trotzdem musste es ständig gesäubert werden. Zuerst tat man also etwas gleich temperiertes Wasser in einen Eimer, dann fing man die Fische mittels eines kleinen Keschers ein, was gar nicht so einfach war, weil die Fische beim Anblick dieses Gerätes plötzlich panisch hin- und herzuckten. Zum Schluss nahm man die Pflanzen aus dem Aquarium und goss das alte Wasser durch ein Sieb in den Ausguss. Nun wurden die Kieselsteine gewaschen, das Becken geschrubbt und dann alles wieder zusammengefügt. Das alles dauerte Stunden und war eine sehr nasse Angelegenheit. Einmal ist Gina das Aquarium nach so einer Säuberungsaktion beim Zurückstellen auf seinen Platz aus den Händen gefallen. Die Fische zappelten wie wild auf dem nassen, mit Kieseln und Pflanzen bedeckten Boden. Gott sei Dank konnten wir alles retten. Trotzdem dauerte es nicht lange, da musste ein größeres Becken her, denn die Guppies waren wild entschlossen, eine große Familie zu werden. Das nächste Becken war doppelt so groß und hatte dann auch einen Filter, einen Sprudelstein, Beleuchtung und einen Deckel.

Dann hörte Gina, dass Schnecken ein Aquarium reinigen! Aus dem kleinen Schneckenpärchen wurden in null Komma nichts Hunderte, denn Schnecken sind Zwitter, aber das Becken wurde dadurch auch nicht langsamer schmutzig als vorher. Also weg mit den Schnecken, was gar nicht so einfach war und

dafür kleine Welse ins Wasser, die den ganzen Tag die Scheiben absaugten. Die sahen
niedlich aus und vermehrten sich auch nicht
so schnell.

Am Scheußlichsten fand ich es, wenn Gina
ihren Fischen Lebendfutter gab. Sie kaufte in
dem Zoogeschäft am Rüdesheimer Platz für
ein paar Pfennige Wasserflöhe, bei deren
Anblick es mich überall kribbelte. Überhaupt
kann ich mich bis heute nur für gebratene
Fische wirklich begeistern.

Kino und Fernsehen

Der erste Film, den ich gesehen habe, war "Bambi." Gespielt wurde er im "Marmorhaus" am Kürfürstendamm. Mutter hatte für sich Gina und mich Karten gekauft und brauchte viel Überredungskraft, damit Gina mit hinein durfte. Der Film hatte die Altersfreigabe ab 6 Jahren und Gina war erst 5 Jahre alt. Das Kino war rappelvoll. Der Film hat mich damals so beeindruckt, dass ich auch dreißig Jahre später noch jede Szene im Gedächtnis hatte. Von da an gingen wir fast jeden Sonntag ins Kino. Nach dem Mittagessen bekamen wir jeder 20 Pfennige und begaben uns mit den Kindern der Umgebung in das kleine Kino am Rüdesheimer Platz. Es war um diese Zeit immer gut besucht und wir lernten schnell, dass man von den hinteren

Reihen besser sieht, als von den vorderen. Wir heulten bei "Heidi" und lachten über "Micky Maus" und "Lucky Luke". Es gab Western und Märchen, Naturfilme und Heimatfilme, alles für 20 Pfennige und immer mit einen Vorfilm sowie Werbung und Mutter und Oma hatten für 2½ Stunden wirklich Mittagsruhe! Irgendwann wurde das schöne, kleine Kino abgerissen und an seine Stelle kam ein Discount-Markt.

Unsere Kinobesuche hörten auf, als wir 1969 einen Fernseher bekamen; schwarz-weiß natürlich, mit einer Zimmerantenne, einer Libelle, die trotz ständigem Verdrehen oft nur mäßigen Empfang lieferte. Aber das war egal. Von nun an sahen wir am Sonntag in der Mittagszeit die amerikanischen Kinderserien "Fury", "Flipper", "Die kleinen Strolche" und "Lassie". Zusammen mit Oma und Mutter fieberten wir mit, wenn Judy und Clarence mit dem "Daktari" auf Ganovenjagd gingen, bewunderten "Das Haus am Eaton Place" und gruselten uns bei "Edgar Wallace". Bei letzterem durften Gina und Anna aber noch nicht mitgucken!

Musik und Geschichten

Mutters Lieblingssender war der amerikanische Soldatensender American Forces Network auf Kanal 88 oder wie der Sprecher sagte: "Here is AFN Berlin, the great 88!" Sie hörte ihn auf unserem schönen, alten Röhrenradio mit dem großen grünen Auge. Später wurde es von einem kleineren, moderneren abgelöst. Mutters absoluter Lieblingssänger ist bis heute Frank Sinatra, sie liebt Swing und die Beatles, aber natürlich auch klassische Musik und da besonders Bach und Mozart.

Jeden Sonntagvormittag um 10 Uhr kam im RIAS (Radio im amerikanischen Sektor) die Kinderstunde "Onkel Tobias". Zuerst sang ein Kinderchor das Lied:

"Der Onkel Tobias vom RIAS ist da.
Was wird er wohl heute uns bringen?
Geschichten zum Lachen, will Freude uns machen,
Erzählen und Spielen und singen."

Danach lauschten wir für eine halbe Stunde
einem Kasperle-Theater, einer Geschichte
oder mussten ein Rätsel lösen. Zum Schluss
sang der Kinderchor das Abschiedslied:

"Der Onkel Tobias vom RIAS war da,
für heute zu Ende die Lieder.
Es hat uns gefallen, drum sagen wir allen,
am Sonntag da kommen wir wieder."

Nachmittags gab es die Kinderstunde im SFB
(Sender freies Berlin), wo manchmal die Lieder gespielt wurden, die wir mit aufgenom-
men hatten. Das war dann besonders toll!
Wir hatten auch einen Plattenspieler, der war
mit zwei Bananensteckern (wie Cinch, nur

länger) am Radio angeschlossen. Darauf hörten wir unsere wunder-schönen Märchenplatten wie "Schneewittchen", "Dornröschen", "Brüderchen und Schwesterchen", "Frau Holle" und im Dezember "Der klingende Adventskalender" sowie "Michaels Erlebnisse im Weihnachtsland".

Als ich größer wurde, hörte ich jeden Montagabend "Lord Knud". Der brachte die neuesten Schlager, erst die deutschen und dann die englischsprachigen Songs. Inzwischen durfte ich auch offiziell die "Bravo" lesen und hatte neben mir an der Wand den Bravo-Starschnitt von "Led Zeppelin" – in Lebensgröße natürlich!

Mode

Es mag ja sein, dass die Mode in der 60er Jahren auch einige schicke Teile hatte, doch im Großen und Ganzen war sie scheußlich. Es fing damit an, dass es bis Mitte der 60er Jahre noch keine Strickstrumpfhosen für Kinder gab und ich in der kalten Jahreszeit lange Wollstrümpfe am Strumpfhalter trug, dazu einen Wollrock und einen dicken Pullover. Von unserer Mutter haben wir alle drei die starke Kurzsichtigkeit geerbt und hatten im Gesicht große Hornbrillen mit dicken, schweren Gläsern. Im Winter bekamen wir zum Schlitten fahren die Helancahosen mit dem Steg und der Bügelfalte an, darüber einen Anorak aus Synthetik. Meine Helancahose war hellblau und der Anorak war zum

Wenden, die eine Seite dunkelgrün, die andere dunkelrot gemustert.

Da bei uns das Geld knapp war, nähte Mutter die meisten Kleider, Röcke und Blusen für sich und uns selber. Im Sommer sahen wir deshalb auch immer sehr niedlich aus, zumal der Petticoat modern war, den wir unter den Röcken trugen, ich den rosa und Gina den gelben.

Die Nachthemden nähte eine Bekannte von Oma und eine Großtante von "drüben", aus der SBZ (sowjetisch besetzte Zone), wie Oma die DDR nannte. Letztere nähte uns auch Puppen und für Anna einmal zu Ostern einen wunderschönen Hasen, den sie "Hasi" nannte.

Verwandtschaft

Unsere gesamte Verwandtschaft wohnte damals in Westberlin, bis auf die eine Großtante, Tante Anni aus Mittenwalde, die Schwägerin von Oma. Tante Anni durfte uns, da sie Rentnerin war, zweimal im Jahr besuchen. Sie kam immer im Mai und im September / Oktober und brachte ihre Schätze mit, selbstgebackenen Kuchen und selbst genähte Nachthemden. Sie erstarrte im KaDeWe beim Anblick der Fülle an Stoffen und in den Lebensmittelläden bei der Auswahl an Joghurts und Schokolade. Sie blieb jedes Mal vier Wochen und half Oma im Haushalt. Ihre Haare waren zu einem Dutt gebunden und ganz grau. Nur wenn sie die Haare löste, sah man, dass das eingerollte Haar ganz dunkelbraun war.

Zu Ostern, Weihnachten und ihrem Geburtstag schickten wir ihr Päckchen, da musste draufstehen: "Geschenksendung, keine Handelsware". Hinein kamen Kaffee, Filtertüten, Zigaretten (um Handwerker zu bezahlen), Schokolade, Perlonstrümpfe, Seife usw. Nach ihrem Tod fanden wir in ihrem Schrank die ganzen Filtertüten; sie hatte sie nie benutzt, weil man den Kaffee in der DDR einfach so mit Wasser aufgoss.

Mutters Bruder wohnte mit seiner Frau, Sohn, Tochter und Schwiegermutter in einem schönen Haus mit großem Garten in Eichkamp. Wir besuchten uns öfters gegenseitig. Mit dem 17er Bus fuhren wir bis Endstation und gingen dann durch den S-Bahn-Tunnel nach Eichkamp. Die beiden Kinder besuchten die Waldorfschule in der Clayallee in Zehlendorf. Sie lernten Geige spielen und das ganze Haus kam mir immer warm vor von den vielen Bildern in harmonischen Farben und den schönen Lampen. Wir tranken gemeinsam Kaffee und aßen Kuchen, bevorzugt "Schlabritzky", das waren die mit Creme-, bzw. Sahnefüllungen, .spielten im Garten oder saßen zusammen und sangen, wobei der Onkel dazu ganz wunderschön auf der Gitarre spielte. Abends fuhr er uns nach Hause. Autofahren war für uns etwas ganz Besonderes, weil wir ja kein Auto hatten und immer U- und S-Bahn oder Bus fahren mussten. Mit dem Auto ging es dann ab Messegelände über die Stadtautobahn, durch den hell erleuchteten Halenseetunnel bis zur Abfahrt Hohenzollerndamm. Die Abfahrt Mecklenburgische Straße gab es ja erst ein paar Jahre später.

Der Onkel arbeitete bei "Miele" und verhalf Mutter 1968 endlich zu einer Waschmaschine. Die kam in die Kammer neben der Küche und daneben wurde eine Extra-Schleuder gestellt, denn Waschmaschinen hatten damals höchstens 400 Schleudertouren. Wenn man die Schleuder allerdings nicht ordentlich packte, hopste sie durch die ganze Kammer und verteilte dabei munter das Wasser.

Die andere Verwandtschaft wohnte in Neukölln. Onkel und Tante hatten auch zwei Kinder, einen Jungen und ein Mädchen sowie eine eigene Bäckerei mit mehreren Läden über Berlin verteilt. Zu Geburtstagen brachten sie immer ein großes Kuchentablett mit. Manchmal durfte ich bei ihnen übernachten, dann fuhr ich abends mit meiner Tante zum Abrechnen in die einzelnen Läden. Sie hatte immer sehr hochhackige Pumps, die sie im

Auto, einem Ford Taunus 20M Kombi, gegen flache Halbschuhe eintauschte. Wenn es in einer Bäckerei mal länger dauerte, durfte ich ein Stück Kuchen essen. Die Läden hatten fast alle ein kleines Café und da saß ich dann und aß eine Napoleonschnitte, die mochte ich damals am Liebsten.

In Nikolassee wohnte ein Neffe meiner Mutter mit Frau, Schwägerin, zwei Söhnen, Schwiegertöchtern und Enkelkindern in einer wunderschönen alten Villa mit einem riesigen Garten. Er war im gleichen Alter wie Mutter und in seiner Jugend Schauspieler und seine Frau Primaballerina gewesen. Nun tingelten sie mit einem Marionettentheater durch die Schulen von Berlin. Wir hatten leider kaum Kontakt zu dieser Verwandtschaft.

Im Märkischen Viertel wohnte eine Cousine von uns mit ihrem Mann und ihrem Sohn, der in Annas Alter ist. Kam er uns besuchen, sah unser schönes Kinderzimmer Sekunden später wie nach einem Bombeneinschlag aus und wir waren froh, wenn er wieder ging. Gott sei Dank kamen sie selten zu Besuch.

Nicht verwandt aber gut bekannt, waren wir mit Omas ehemaliger Nachbarin, der es zwar nicht an Geld mangelte, aber an sozialen Kontakten. Sie war zuckerkrank, wofür wir sie zwar bedauerten, es aber nicht verstanden, da sie zum Kaffee auch Kuchen aß, Diabetikerkuchen! Sie nähte uns Kleider und Nachthemden und brachte uns jedem immer eine Tafel "Karina"-Schokolade oder Katzenzungen mit.

Veränderungen

Eigentlich habe ich meinen Vater nie richtig kennengelernt. Als meine Eltern sich scheiden ließen, war ich erst 5 Jahre alt. Anfangs kam er uns noch ein paar Mal besuchen, aber ab 1964 haben wir ihn nicht mehr gesehen. In meiner Erinnerung bleibt er sehr liebevoll und freundlich. Nie haben wir mitbekommen, wie unsere Eltern sich stritten.

Im März 1968 stand plötzlich die Polizei vor der Tür und teilte Mutter mit, dass ihr Exmann gestorben sei. Auch wenn es sich bösartig anhört, für unsere Mutter war es ein Segen. Vater hatte nie Unterhalt gezahlt, sodass sie monatlich zum Sozialamt musste um ein bisschen Geld zu bekommen. Von einem Tag auf den anderen änderte sich alles. Sie bekam ihre Witwenrente und wir bekamen unsere Halbwaisenrenten. Damit hatte Mutter eine gesicherte Existenzgrundlage und brauchte keine Zukunftsängste mehr zu haben.

Als erstes schaffte sie ein Telefon an! Bisher gingen wir zum Telefonieren in die Telefonzelle Ecke Nauheimer Straße vor der Drogerie. Man steckte zwei Groschen in den Geldschlitz und konnte damit ein Stadtgespräch führen. Nach Westdeutschland und ins Ausland kostete es mehr, aber da kannten wir keinen und in die DDR konnte man noch nicht telefonieren. Unser Telefon war schon ein moderner grauer Apparat, nicht so ein altes, schwarzes Bakelitgerät, aber natürlich mit Wählscheibe. Mutter brachte uns bei, wie wir uns ordnungsgemäß zu melden hatten: "Guten Tag, hier spricht Sabine ...", denn sie hasst es, wenn sich Leute nur mit "Hallo" oder einem zögerlichen "Ja?" melden.

Für den Haushalt schaffte Mutter einen neuen Kühlschrank an und für sich und uns ein paar neue Kleidungsstücke und Schuhe. Letzteres geschah für uns ganz unauffällig, etwa zu Geburtstagen oder zu Weihnachten, denn es sollte ja auch weiterhin etwas Besonderes bleiben.

Eine schlimme Veränderung gab es im Sommer 1971 für Gina. Nachdem sie auf dem Spielplatz eine Schaukel an den Kopf bekommen hatte, meinte sie ein paar Tage später zu Mutter, dass sie auf dem einen Auge nichts mehr sehen könnte. Als beide dann den Augenarzt aufsuchten, wies dieser Gina sofort in die Schlossparkklinik ein. Aber die Netzhaut hatte sich auf dem rechten Auge schon völlig abgelöst und konnte auch durch die sofortige OP nicht mehr gerettet werden.

Das Auge blieb blind!

Krankheiten

Wie alle Kinder, machten auch wir die Kinderkrankheiten durch. Der Ausbruch der Krankheit geschah meist zu besonderen Gelegenheiten. So begann ich am Heiligen Abend 1964 mit den Masern, steckte meine Schwestern an und Mutter war bis in den Januar hinein damit beschäftigt, uns in unserem abgedunkelten Zimmer Waden- und Brustwickel gegen das hohe Fieber zu machen, uns zu waschen und die juckenden Stellen zu pudern. Zwischendurch kam der Kinderarzt und sprach ihr Mut zu.

Weihnachten 1967 bekamen Gina und ich Mumps, während Anna sich damit bis Juni 1968 Zeit ließ, als wir verreisen wollten. Gott sei Dank schwoll ihr Gesicht noch rechtzeitig ab und wir konnten fahren.

Gina brach sich mehrmals ihr Ellbogenge-
lenk und Anna renkte sich immer wieder ihre
Großzehe aus.

Ich hatte es mehr im Hals. Beim kleinsten
Anzeichen von Schluckbeschwerden kochte
Oma literweise Salbeitee, mit dem ich dann
gurgeln musste! Das war scheußlich!

Geburtstage

Die Geburtstage liefen immer nach einem genauen Ritual ab. Als Geburtstagskind musste man morgens so lange im Bett liegen bleiben, bis der Hahn krähte! Als Kind kam einem das wie eine Ewigkeit vor. Schon am Vorabend wurde man früh aus dem Wohnzimmer geschickt und durfte nicht zurückkommen. Dann baute Mutter den Geburtstagstisch auf mit den Geschenken, Blumen, dem Kerzenring mit der passenden Anzahl Kerzen, sowie dem Lebenslicht in der Mitte. Am nächsten Morgen stand sie eine halbe Stunde früher auf, denn wir durften immer vor der Schule schon auspacken! Hatte sie die Kerzen angezündet, öffnete sie die Kinderzimmertür einen kleinen Spalt und rief laut: "Kikerikie!" und dann sang sie:

"Kräht der Hahn früh am Morgen

kräht er laut und kräht er weit.

Guten Morgen, liebe Bine (oder Gina oder Anna)

Dein Geburtstag ist heut!"

Das war für das jeweilige Geburtstagskind das Zeichen zum Aufstehen. An diesem Tag war man endlich mal die Hauptperson und durfte alles als erste machen. Alle gratulierten einem und im Nachthemd betrat man als erste das Geburtstagszimmer, die Schwestern artig dahinter, und bewunderte den vollen Tisch im Schein der Kerzen. Dann durfte endlich ausgepackt und als letztes die Kerzen ausgepustet werden, denn beim Lebenslicht kann man sich ja was Wünschen.

Nach der Schule fing um 15 Uhr die Geburtstagsfeier an, zu der man schon eine Woche vorher den Freundinnen die Einladungskarten gegeben hatte. Natürlich kamen auch einige Cousinen, Cousins und Tanten. Wir Kinder bekamen Kuchen und Saft an dem hübsch gedeckten Tisch, mit Tischkärtchen!, in Mutters Zimmer, die Erwachsenen tranken ihren Kaffee nebenan in Omas Wohnzimmer. Danach spielte Mutter mit uns Topfschlagen, Stille Post, Eier laufen (mit Kartoffeln), Schokoladenessen mit Schal, Handschuhen und Besteck, Päckchen abschneiden mit verbundenen Augen und noch viele andere Spiele, die sich das Geburtstagskind wünschte! Zum Schluss gab es immer Kartoffelsalat mit Würstchen und dann verabschiedeten sich alle Gäste. Als wir kleiner waren, sind wir auch mit der Laterne gelaufen und als wir größer wurden, haben wir zu den neuen Platten, die wir geschenkt bekamen, getanzt.

Noch heute laufen die Kindergeburtstage nach diesem Ritual ab und sogar der Hahn kräht noch für alle, auch für die jetzigen Omas.

Kirche und Konfirmation

Wir sind im evangelischen Glauben erzogen worden. Unsere Kirche, die Lindenkirche, war nur zwei Minuten Fußweg entfernt. Sie steht in der Homburger Straße zwischen Johannisberger Straße und Binger Straße.

Als wir in diese Gegend zogen, bekam Mutter eine Putzstelle bei der Superintendentur. Der Superintendent, Pfarrer Thiel, war ein großer sympathischer Mann und hatte eine sehr liebe Familie. Wir fühlten uns bei ihnen immer heimisch.

Anfangs besuchten wir den Kindergottesdienst. Nach Altersgruppen eingeteilt bekamen wir im Gemeindehaus jeden Sonntag eine Geschichte aus der Bibel erzählt und schnitten dazu kleine Bilder von einem Bogen aus und klebten diese in unser Sonntagsschulheft. Danach gingen wir alle gemeinsam für 20 Minuten in die Kirche, um mit dem Pfarrer zu beten und den Segen zu empfangen.

Außer dem Pfarrer Thiel waren noch zwei andere Pfarrer in der Gemeinde tätig, Pfarrer List und Pfarrer Schaeffer. Letzterer war schon ziemlich alt, als ich dann zu ihm in den Konfirmandenunterricht kam. Der dauerte damals noch zwei Jahre und wir haben ziemlich viel lernen müssen. Jede Woche wurden die 10 Gebote mit Erklärungen abgefragt, das Vaterunser, das Glaubensbekenntnis und viele, viele Lieder. Bis auf die Erklärungen der Gebote ist auch alles in meinem Kopf haften geblieben.

Der arme, alte Pfarrer hatte es nicht immer leicht mit uns ca. zwanzig pubertierenden

Jugendlichen und hat sich oft von einigen freche Antworten gefallen lassen müssen.

Meine Konfirmation fand am 7. März 1971 statt. Mutter hatte mir einen langen schwarzen Rock genäht und ein schwarzes Bolero. Dazu trug ich eine weiße Bluse mit Rüschen an den Ärmeln und endlich schwarze Lackschuhe mit kleinem Absatz. Die langen Haare waren offen und hingen wie eine Gardine, aber das entsprach der Mode, genauso wie mein langer, schwarzer Mantel, der Kaftan, wie Oma immer sagte. Der Blumenstrauß bestand aus bunten Fresien und war an den Stielen mit einem langen weißen Schleier umwickelt.

Nach dem Konfirmationsgottesdienst gab es zu Hause eine kleine Feier und ich durfte meine Geschenke auspacken. Ich bekam ein Gesangbuch, ein Abendhandtäschchen, ein

Opernglas, Klaviernoten und an Geldge-
schenken insgesamt 120,-- DM. Davon kaufte ich mir bei Möbel Krieger einen sehr
schönen und großen Schreibtisch aus Kiefer-
funier, den ich dann viele Jahre benutzt habe.

Ostern

Zu keiner anderen Jahreszeit aßen wir so viele Rühereier und Eierpfannkuchen wie in den Wochen vor Ostern. Aber wir wollten Eier anmalen und mussten deshalb viele auspusten. Nachdem wir sie mit Spülmittel ausgewaschen und getrocknet hatten, bemalten wir sie mit Wachsmalkreiden und rieben sie zusätzlich noch mit einer Speckschwarte ab, damit sie schön glänzten. Dann bekamen sie ein Bändchen, das wir zuerst um ein Stückchen Streichholz geknotet und in das obere Eierloch getan hatten. Schließlich wurden die Eier dann an Forsythienzweige gehängt, die schon in einem großen Krug standen.

Am Ostersonntag ging's nach dem Frühstück zuerst in die Kirche. Danach harrten wir ungeduldig in unserem Kinderzimmer aus, während der Osterhase die Eier versteckte. Jede von uns musste in einem anderen Raum suchen. Mit den Jahren kannten wir die Verstecke des "Hasen". In Mutters Zimmer versteckte er sie unten im Klavier; die Verriegelung der Klappe befindet sich unter der Tastatur, in der Küche waren der Kühlschrank und die Speisekammer ein beliebtes Versteck und wenn nicht mehr geheizt wurde, konnte man sicher sein, dass sich etwas in der Röhre des Kachelofens befand.

Nachmittags fuhren wir meistens zur Verwandtschaft nach Eichkamp, tranken dort Kaffee, aßen Kuchen und machten danach einen Osterspaziergang im Grunewald.

Muttertag

Der zweite Sonntag im Mai wurde für Mutter jedes Jahr aufs Neue zur Geduldsprobe! In der Schule hatten wir schon etwas für sie gemalt oder gebastelt (den Untersetzer aus Klammern!) und ein Gedicht gelernt. Doch nun sollte ihr großer Tag mit einem "Frühstück im Bett", was sie schon immer gehasst hat, gekrönt werden. Zwischen 7 Uhr und 8 Uhr standen wir auf, zogen uns an und liefen, so leise wie wir konnten, durch Mutters Zimmer in die Küche. Mutter stellte sich dabei immer tief schlafend. Gerne wäre sie schon mal ins Bad gegangen, doch das war gegen die Regel. In der Küche kochten wir Kaffee, machten Toast mit Marmelade und drapierten alles liebevoll mit Blümchen, einer Kerze und unseren Geschenken auf einem

Tablett. Dann stellten wir uns an ihrem Bett auf und sangen:

"Ich habe nichts so lieb, so lieb,
wie Dich, mein Mütterlein.
Es müsste schon der liebe Gott
im Himmel droben sein."

Dieses Lied war für Mutter das Zeichen zum "Erwachen". Wir umarmten, küssten und gratulierten ihr und sie aß tapfer das kalte, verbrannte Toastbrot und trank dazu den viel zu dünnen Kaffee. Dann durfte sie endlich ins Badezimmer gehen.

Am Nachmittag machten wir immer einen Ausflug. Wir fuhren in den Zoo oder gingen irgendwo ein Eis essen. Wir fanden Muttertage immer besonders schön und haben erst später bemerkt, dass diese für Mütter zu den anstrengendsten Tagen im Jahr zählen.

Reisen

Jedes Jahr in den Sommerferien fuhren wir für drei Wochen in Urlaub. Da wir kaum Geld hatten, wurden die Reisen von der Kirche oder vom Familienhilfswerk finanziert. Am 13. Mai 1964 fuhren wir mit Oma und Mutter in das Familienferiendorf Grafenau. Es war ganz neu und wir waren die ersten Gäste. Von Berlin fuhr ein Zug voll mit Berliner Familien dorthin, jede Familie in ihrem eigenen Abteil. Oma hatte vorher schreckliche Angst, dass wir dort in Baracken kommen würden und war dann so entzückt von dem Häuschen, dass sie gar nicht mehr weg wollte.

Im Jahr darauf fuhren wir ohne Oma nach Langeoog. Wir wohnten mit sechs anderen Familien zusammen in einer Pension mit nur einem Badezimmer und zwei Toiletten. Es war ziemlich eng, aber keiner störte sich daran. Bei schlechtem Wetter saßen wir alle zusammen im Speisezimmer, spielten und sangen und bei schönem Wetter gingen wir an den Strand, vorbei am Haus von Lale Andersen. Nach drei Wochen kamen wir braun gebrannt und prima erholt nach Berlin zurück.

1966 ging's in das Familienferiendorf nach Eisenerz in Bayern und Oma kam wieder mit. Wir kletterten auf Berge, fuhren an den Chiemsee und kauften im Dorf eine Kuhglocke an einem breiten Trachtenband, die wir zu Hause in den Flur hängten und damit zum Essen läuteten.

Die Fahrten zu den Ferienorten waren immer nachts, sodass wir die meiste Zeit schliefen und kaum mitbekamen, wenn die Busse an der Zonengrenze oft lange warten mussten. Wenn die Grenzer dann aber durch den Bus gingen, wurde die Innenbeleuchtung ganz hell geschaltet, die vorher auf Nachtbeleuchtung war, damit die Grenzer uns gut mustern konnten. Alle Erwachsenen und auch wir Kinder verhielten uns in diesen Momenten sehr still und diszipliniert um nicht zu riskieren, dass man uns noch länger am Weiterfahren hinderte.

Herbstliches

Im Herbst begann die Bastelzeit. Die Bäume verloren ihre Blätter und wir sammelten besonders schöne und pressten sie zwischen Löschpapier unter dicken Büchern. Wenn die Blätter fertig waren, klebten wir sie auf Zeichenkarton und gestalteten so Einladungskarten für Annas und meinen Geburtstag. Manche Blätter wurden auch auf ein Blatt Papier gelegt, welches dann mit einer in Tuschfarbe getauchten Zahnbürste, die man über ein Malersieb bewegte, eingefärbt wurde. Das ergab ein ganz fein gepunktetes Muster und war besonders schön, wenn man mehrere Töne in herbstlichen Farben nahm. Anschließend wurden die Blätter wieder entfernt und das Briefpapier musste nur noch trocknen.

Das Beste aber waren die Kastanien, die überall auf dem Schulweg auf den Straßen lagen und aus denen man mittels Streichhölzern ganze Zoo's basteln konnte.

Advent

Am Freitag vor dem 1. Advent kaufte Mutter auf dem Wochenmarkt immer einen Kranz aus Tanne und ein Bund Tannenzweige.

Am Samstag vor dem 1. Advent holten wir dann die große Adventskiste aus dem Keller und dekorierten die Wohnung. Auf den Esstisch in Mutters Zimmer kam der Tannenkranz, der geschmückt wurde mit kleinen goldenen Kienäppeln, Strohsternen und vier roten Kerzen. Mutter legte auf ihre Kommode eine Weihnachtsdecke und stellte darauf einen Krug mit Tannenzweigen geschmückt mit Strohsternen. Darunter stand eine Tonfigur, die Joseph, Maria und das Kind darstellte. Außerdem hatten wir ein sehr schönes Rauchermännchen, einen Nachtwächter mit einem Horn, das wirklich tutete, wenn man reinblies, einer Pfeife und einer Hellebarde. Er hieß Herr Jakob und musste unentwegt rauchen.

Im Klavierunterricht übten wir nun Weihnachtslieder und für den heiligen Abend probten wir ein Krippenspiel. Ich spielte das Lied: "Auf dem Berge da wehet der Wind...", Gina saß neben mir, verkleidet als Maria und mit einer Puppe im Arm. Anna stand hinter ihr als Joseph in Mutters Wintermantel und mit Omas Hut und Stock. Das Lied sangen wir natürlich alle drei.

In der ersten Adventswoche kommt ja, wie auch heute noch, der Nikolaus. Am Vorabend putzten wir mit Eifer unsere Gummistiefel und setzen dabei das Badezimmer unter Wasser. Dann stellten wir die Stiefel zusammen mit ein paar Keksen für den Nikolaus und einem Teller mit Gras für seinen

Esel auf den Erker, der nachts mit einer langen Gardine vom Zimmer getrennt wurde. Morgens, wenn Mutter uns weckte, waren Kekse und Gras weg und Kerzen brannten vor unseren Stiefeln, die mit Schokolade, Äpfeln und Mandarinen gefüllt waren. Der Nikolaus brachte auch immer schon ein kleines Geschenk mit, Buntstifte, ein Pustefix oder eine Zaubertafel.

An den Wochenenden wurde gebastelt. Wir klebten bunte Glassteinchen in verschiedenen Formen auf kleine Holzdosen, die Mutter im Baumarkt gekauft hatte. Von "Ravensburg" gab es Karten mit Weihnachtsmotiven, die man umsticken konnte. Das Waschpulver kauften wir in großen, runden Kartons, die sich anschließend für viele Jahre als Papierkörbe benutzen ließen, indem man sie einfach mit dc-fix umklebte. Das alles waren prima Weihnachtsgeschenke..

Für die Fenster machten wir Bilder aus Transparentpapier. Auf schwarzen Karton wurde ein Motiv gemalt und so ausgeschnitten, dass ein Umriss blieb, sodass man das bunte Transparentpapier aufkleben konnte. So machten wir auch kleine Transparente, die dann mit einem Teelicht dahinter wunderschön leuchteten.

Am Schönsten aber waren die Sterne, die wir aus goldener, roter und grüner Folie bastelten. Die wurden in der Wohnung aufgehängt oder kamen später an den Weihnachtsbaum.

Den passenden Weihnachtsduft während der Adventsnachmittage verbreiteten Herr Jacob mit Tannenduft und die Äpfel, die auf einem Teller in der Röhre des Kachelofens langsam zu Bratäpfeln wurden.

Natürlich wurde auch fleißig gebacken! Mutters Nusskranz war und ist auch heute noch der Renner! Die Nüsse mahlten wir mit einer kleinen Nussmühle, die am Tisch befestigt wurde. Oben kamen die Nüsse rein und mittels einer kleinen Kurbel wurde ein inneres Rad mit kleinen Löchern in einem äußeren mit scharfen Kanten bewegt, wobei gleichzeitig mit der anderen Hand die Nüsse mit einem Holzdeckel nach unten gedrückt wurden.

Mutter machte auch immer ein Früchtebrot aus Datteln, Feigen, Nüssen und Rosinen, das wir als Kinder aber nicht so gerne mochten.

Wir bekamen einen Plätzchenteig und waren einen ganzen Nachmittag mit ausstechen, backen und verzieren beschäftigt. Anschließend klebten nicht nur wir, sondern auch die ganze Küche.

Aber wir waren sehr stolz auf unsere Plätzchen!

Weihnachten

Irgendwann im Advent hatte Mutter den Weihnachtsbaum gekauft, ihn nach Hause getragen und auf den Balkon gelegt. Am Vorabend des 24. Dezembers kam dann immer Herr Hauke zu uns hoch und würgte die Fichte in einen gusseisernen verschnörkelten Weihnachtsbaumständer. Der Baum wurde auf ein Tischchen in Omas Wohnzimmer vor das Fenster gestellt. Von diesem Moment an durften wir das Zimmer nicht mehr betreten! Mutter schmückte den Baum noch am selben Abend mit echten Kerzen, roten Äpfeln, bunten Kugeln und silbernem Lametta, das sie in einzelnen Fäden über die Zweige hing. Unter dem Weihnachtsbaum war stets ein Eimer mit Wasser, aber obwohl der Baum an der Gardine stand, ist nie etwas passiert.

Der Tag des Heiligen Abends zog sich mächtig in die Länge. Oma machte Kartoffelsalat, den es vor der Bescherung mit Würstchen gab, Mutter schmückte das Weihnachtszimmer und wir sollten "schön" spielen, uns nicht zanken und das Zimmer aufräumen! Alles leichter gesagt, als getan!

Zu Mittag aßen wir an diesem Tag immer belegte Brötchen und tranken Kakao. Danach mussten wir baden und bekamen frische Sachen zum Anziehen.

Um 15 Uhr begann der Weihnachtsgottesdienst in der Lindenkirche. Sie war wunderschön geschmückt mit einer Krippe und einem großen Tannenbaum und nur von Kerzen beleuchtet. Wir hörten die Weihnachtsgeschichte aus Lukas 2, 1 – 20 und sangen viele Weihnachtslieder.

Wieder zu Hause angekommen, kam dann auch Omas ehemalige Nachbarin. Wir aßen alle den Kartoffelsalat, zu dem Omas Bekannte die Würstchen mitgebracht hatte. Mutter wollte, dass wir etwas Herzhaftes im Magen hatten, bevor wir uns über die bunten Teller hermachten.

Dann verschwanden die Erwachsenen im Weihnachtszimmer, ich setzte mich ans Klavier und meine Schwestern verwandelten sich in Maria und Joseph. Endlich läutete das Glöckchen und die Zwischentür ging auf. Wir sahen den strahlenden Weihnachtsbaum, die Kerzen in den Fenstern und die Geschenke auf dem großen Tisch. Doch erst mussten wir unser Krippenspiel vorführen und danach noch viele Weihnachtslieder zusammen mit Mama und Oma singen. Dabei versuchten wir ständig, einen Blick auf die Geschenke zu werfen.

Als wir klein waren, bekamen wir jedes Jahr die gleichen Sachen, die nur etwas verändert oder erneuert wurden. Wir hatten eine schöne Puppenstube, die dann zu Weihnachten neue Möbel oder neue Lampen hatte. Die kleinen Lampen konnte man mittels einer 4,5 Volt Batterie richtig an- und ausschalten. Gina liebte es, die beiden Polklemmen dieser Batterie mit der Zungenspitze zu berühren, weil das so schön kitzelte, doch ich fand diesen winzigen Stromschlag nicht so toll!

Dann hatten wir ein schönes großes Puppenbett mit einem Himmel. Das erstrahlte zu Weihnachten mit neuer Bettwäsche oder einem neuen Puppenkind.

Für Anna gab es den Kaufmannsladen, der jährlich neu bestückt wurde mit echtem Reis,

Nudeln, Zucker und kleinen Marzipanfrüchten.

Und dann hatten wir noch eine Puppenküche, auf der wir richtig kochen konnten. Die beiden Kochplatten hatten jeweils eine kleine Mulde, wo man eine Esbittablette reinsteckte und anzündete. Wir kochten auf dem Herd kleine Suppennudeln, die jedoch meistens anbrannten, weil wir in den Topf zu viele Nudeln und zu wenig Wasser taten.

Im Frühjahr, wenn wir wieder vermehrt draußen spielten, verschwanden diese schönen Dinge plötzlich und wir mussten bis zum nächsten Weihnachtsfest warten.

Natürlich bekamen wir auch jeder etwas Neues geschenkt. Doch das war in der Regel Bekleidung und deshalb für uns nicht so aufregend. Als wir größer wurden, gab es dann

Bücher, Noten oder besondere Herzenswünsche.

Der bunte Teller fehlte aber nie. Zwischen Äpfeln, Nüssen und Mandarinen, die den Teller füllen sollten, lagen die wirklich leckeren Dinge, nämlich Nugat, Marzipan und Blätterkrokant. Das lieben wir auch heute noch und nicht nur zur Weihnachtszeit.

Oma

Als wir mit Oma zusammenzogen, war sie schon 72 Jahre alt. Ihre Wohnung in der Salzbrunner Straße war für sie zu groß und zu teuer geworden. Außerdem musste sie oft auf uns aufpassen, weil Mutter arbeiten ging und hatte zu uns einen ziemlich langen Anfahrtsweg. Mit dem Zusammenzug in die große Wohnung war uns also allen geholfen.

Das Frühstück nahm Oma immer alleine in ihrem Schlafzimmer ein. Jeden Morgen aß sie das Eiweiß von einem gekochten Ei (das Eigelb hielt sie für ungesund), dazu zwei Toastbrote mit Butter und Honig und eine halbe gezuckerte Pampelmuse. Dazu trank sie immer schwarzen Tee mit Milch und Zucker. Da sie Verdauungsprobleme hatte, weichte sie sich abends einen Teelöffel Leinsamen in etwas Milch und drei Backpflaumen in etwas Wasser ein, was sie dann beides nach dem Frühstück zu sich nahm.

Vormittags kümmerte sie sich um das Mittagessen, nachmittags passte sie auf uns auf, wenn Mutter nicht da war. Da saß sie dann an ihrem Nähtischchen und stopfte Strümpfe oder sie schrieb Briefe im Wohnzimmer, las ein Buch oder erfreute sich an unserem Klavierspiel. Manchmal musste sie aber auch Streit zwischen uns schlichten.

Im September 1969 fiel sie in der Wohnung und brach sich den Oberschenkelknochen. Im Gertraudenkrankenhaus wurde der Knochen zwar genagelt, doch Omas Beweglichkeit nahm rapide ab, besonders als im Jahr darauf noch ein Schlaganfall dazukam. Mutter musste ihr nun bei der Grundpflege helfen und den Haushalt alleine führen. Ab und zu wurde Oma am Sonntag von ihrem Sohn abgeholt und verbrachte den Nachmittag in Eichkamp.

Oma bewohnte jetzt nur noch ihr kleines Zimmer, was ja mit 20 m² gar nicht klein war. Mutter hatte Omas Wohnzimmer bezogen, wo wir abends am Couchtisch unser Abendbrot aßen und dazu das deutsche Vorabendprogramm im Fernsehen genossen. Mutter saß neben Oma in einem Sessel, damit sie ihr beim Essen helfen konnte, denn durch den Schlaganfall war die linke Seite von Omas Körpers gelähmt.

Auch litt Oma, obwohl sie als einzige nie geraucht hatte, an starken Durchblutungsstörungen und bekam deshalb jeden Morgen ihren "Gummistrumpf" angezogen, was eine ziemlich schwierige Prozedur war.

Ab Ende Januar 1972 konnte Oma nicht mehr aufstehen. Täglich kam nun die Gemeindeschwester der Lindenkirche und half Mutter beim Waschen und Lagern von Oma. Abends musste ich Mutter dabei helfen, was meinen Entschluss, Krankenschwester zu werden, noch bestärkte. Bald wollte Oma auch nichts mehr essen, das Schlucken bereitete ihr Schwierigkeiten. Am 28. März 1972, als wir beim Abendessen saßen, ist sie dann eingeschlafen.

Mutter rief ihren Bruder und die Gemeindeschwester an. Zusammen betteten sie Oma ein letztes Mal und dann saßen wir gemeinsam an diesem Abend noch lange zusammen. Am nächsten Vormittag kam der Bestatter und holte Oma ab. Wir mussten in unserem Kinderzimmer bleiben, doch vom Fenster aus sah ich den Wagen wegfahren und es hatte so etwas Endgültiges.

Mutter hatte nicht viel Zeit zum Trauern Sie musste sich um die Beerdigung kümmern und zu allem Überfluss bekam Anna jetzt eine Blinddarmentzündung und musste auf dem schnellsten Weg ins Martin-Luther-Krankenhaus. Während wir im Krematorium bei der Trauerfeier für Oma saßen, lag Anna auf dem OP-Tisch und bekam ihren Blinddarm raus.

Mit Omas Tod war auch unsere Kindheit endgültig zu Ende. Der Hauswirt wollte das Haus sanieren und Mutter hätte anschließend die Miete nicht mehr zahlen können.

So zogen wir im Juli 1972 in eine 3-Zimmer-Neubauwohnung hinter dem Breitenbachplatz und im Laufe der Jahre gingen wir unsere eigenen Wege.

Nachwort

Beim Schreiben dieses Buches sind mir ständig noch neue kleine Begebenheiten eingefallen, die ich bis dahin völlig vergessen hatte.

Mutter, die zwischendurch einzelne Kapitel las, war erstaunt, was mir alles aus dieser Zeit im Gedächtnis geblieben ist. Sie war auch peinlich berührt darüber, als was für eine gute Mutter ich sie darstelle. Aber so war und ist sie nun mal!

Ich habe dieses Buch erstens für sie und meine Schwestern als Erinnerung an eine wunderschöne, gemeinsam verbrachte Zeit geschrieben.

Zweitens habe ich dieses Buch für meine Töchter und Enkelkinder geschrieben, damit sie einen Einblick in meine Kindheit bekommen und sogar mein jüngstes Enkelkind bemerkt, dass seine Oma auch mal ein kleines Mädchen war.

Und dann habe ich dieses Buch natürlich für all die Menschen geschrieben, die diese Zeit mit mir gemeinsam verbrachten, vielleicht sogar an den selben Orten, und nicht zuletzt für diejenigen, die ein Stückchen Zeitgeschichte erfahren wollten.

Ich hoffe, es ist mit gut gelungen!